Vive Sin Ansiedad:

Deja de Sobrepensar, Controla tu Ira, Maneja tus Emociones y Descubre Cómo Vivir con Paz Mental, Plenitud y Equilibrio Emocional

Table of Contents

Table of Contents 2
Introducción 13
Capítulo 1: ¿Qué es la sobrepensación? 15
    ¿Por qué sobrer razonamos? 16
    El cerebro que piensa demasiado 17
    Síntomas de pensar en exceso 19
    Peligros de ser un pensador excesivo 21
    Tres tipos de sobrepensar 23
Capítulo 2: Ansiedad y sobrepensar 25
    Formas en que la ansiedad causa sobrepensamiento 25
    Resultado de la ansiedad y la sobrepensación 27
    Lo que no es el exceso de pensamiento 29
    Cómo Dejar de Sobrepensar Todo 30
Capítulo 3: Intenta detenerlo antes de que empiece 31
    Creencias Limitantes 31
    Estrategias de afrontamiento poco útiles 34
    Prepárate para entrenar tu mente para establecer una relación saludable con tus pensamientos. 35
Capítulo 4: Enfoque en la Resolución Activa de Problemas. 38
    ¿Qué es la resolución activa de problemas? 39
    Preguntas que Hacerte 40
    ¿Cuándo es efectiva la resolución activa de problemas? 41
    Cómo utilizar la resolución activa de problemas 42
Capítulo 5: Considera el Peor Escenario. 44

Qué Hacer al Considerar el Escenario Más Desfavorable 46

Por qué deberías considerar el peor de los casos 47

Capítulo 6: Programar Tiempo de Reflexión. 50

Los pasos de "Programar Tiempo de Pensamiento".. 51

Capítulo 7: Piensa Útilmente 55

Cómo Establecer Límites de Tiempo Para Tus Decisiones 61

Establece un límite en la cantidad de decisiones que tomas por día. 63

Capítulo 9: Considera el Panorama General 65

Capítulo 10: Vive el momento. 70

¿Por qué es importante estar presente? 71

Pasos Prácticos Para Vivir En El Presente. 72

Capítulo 11: Meditar 75

4 Maneras en que la meditación ayuda a detener el exceso de pensamiento 76

Cómo meditar en 9 pasos sencillos 77

Capítulo 12: Crea una lista de tareas. 80

Capítulo 13: Abraza la Positividad. 85

Capítulo 14: Usando Afirmaciones para Aprovechar el Pensamiento Positivo. 90

¿Qué son las afirmaciones y funcionan? 91

Cómo usar afirmaciones positivas 92

Cómo escribir una declaración de afirmación 93

Ejemplos de Afirmaciones 95

Capítulo 15: Conviértete en una persona orientada a la acción 97

3

Consejos para Actuar en la Superación del Pensamiento Excessivo 98

Capítulo 16: Superando tu miedo. 101

Capítulo 17: Confía en ti mismo. 104

Capítulo 18: Deja de esperar el momento perfecto. 109

Capítulo 19: Deja de preparar tu día para el estrés y la sobrepensación. 114

Capítulo 20: Aceptando Todo lo que Sucede. 117

Formas de Dejar Ir las Heridas del Pasado 118

Capítulo 21: Da lo Mejor de Ti y Olvida el Resto. 122

No Tiene Que Ser Difícil. 125

Capítulo 22: No te presiones para manejarlo. 126

Capítulo 23: Diario para sacar los pensamientos de tu cabeza. 130

Cómo Empezar 131

Escribir un diario para mejorar tu estado de ánimo 132

Capítulo 24: Cambiar de canal. 135

Capítulo 25: Tómate un Descanso. 138

Descanso para Resultados 138

Capítulo 26: Hacer ejercicio. 141

Cómo el ejercicio promueve el bienestar positivo 142

Tipos de ejercicios para superar la sobrepensación 144

Capítulo 27: Consigue un pasatiempo. 146

Capítulo 28: No seas demasiado duro contigo mismo. 149

Cómo dejar de ser tan duro contigo mismo 150

Capítulo 29: Duerme mucho con buena calidad. 153

Beneficios de dormir 154

Cómo Sacar el Máximo Provecho de Tu Sueño 156

Conclusión 160
Introducción 165
Capítulo 1: Ira 167
    Patrones de Pensamiento Negativos 168
    Expresión de ira 169
    Otros Métodos de Expresión de la Ira 171
    Entendiendo la Ira 173
    Fisiología de la ira 175
    Ira Inteligente 177
Capítulo 2: Causas de la ira 180
    Rabia a una Edad Temprana 180
    Ira a Través de las Generaciones 181
    Adquisición de estilos de ira 183
    Rabia y Género 184
    Rabia y Cultura 186
    Poblaciones Afectadas por la Ira 187
        Adultos 188
        Niños y Adolescentes 188
        Individuos con Discapacidad Intelectual 189
        Criminales violentos 190
        Abusadores de sustancias 190
        Trastorno de Estrés Postraumático 190
Capítulo 3: Signos y Síntomas de Problemas Relacionados con la Ira 192
    Ira Crónica 194
    Síntomas emocionales de problemas relacionados con la ira 199

  Síntomas físicos de problemas relacionados con la ira 200

Capítulo 4: Los Costos de la Ira 201
 Costos de Salud 201
  Presión arterial y enfermedad cardíaca 201
  Tipos de personalidad y ira 202
 Costos Sociales 205
 Costos Motivacionales y Efectos de la Ira 207

Capítulo 5: Ira y Salud Mental 209
 La conexión entre la ira y el estrés 210
 Consejos Rápidos para Manejar el Estrés y la Ira 211
 El impacto de la ira y el estrés 212
 La ira y tus creencias 213
 El iceberg 215
 Ira, Alcohol y Abuso de Drogas 216

Capítulo 6: La elección de gestionar la ira 218
 Las Etapas del Cambio 219
 Tratamiento obligatorio de control de la ira 222
 Por qué tienes que mantener la calma 223
 Los principales desafíos que obstaculizan el cultivo de una ira saludable 224

Capítulo 7: Pasos para manejar la ira de manera efectiva 231
 Usando un Diario de Ira 231
 Técnicas de relajación para el manejo de la ira 238
  Respiración profunda controlada 238
  Practicando la respiración lenta 238
  Relajación muscular progresiva 240

Prueba de Realidad como una Herramienta de Manejo de la Ira 241

    Prueba de Realidad 242

    Pensamiento en blanco y negro 243

    Hablarlo ayuda 244

    Cuenta hasta diez 244

Capítulo 8: Manejo de la ira y comunicación 246

    Manejo de la Ira y Solicitud de Peticiones 247

Capítulo 9: Seleccionando un Programa de Manejo de la Ira 251

    Terapia Individual y Grupal 253

    Clases de Manejo de la Ira 254

    Autoestudio 255

    Siguiendo el Programa de Manejo de la Ira 256

    Terapia Cognitivo-Conductual para el Manejo de la Ira 257

    Terapia Cognitivo-Conductual – Orientada a Objetivos 258

    Terapia Cognitivo-Conductual – Enfocada en el Presente 259

    Terapia Cognitivo Conductual – Activa 259

    Terapia Cognitivo Conductual – Breve 259

    Terapia Cognitivo-Conductual – Bien Investigada 260

    Otras opciones de programas de tratamiento 261

    Programas de Tratamiento de Manejo de la Ira Residenciales / Internos 262

    Beneficios de los tratamientos de manejo de la ira internos 263

Programa de Manejo de la Ira para Ejecutivos 263

Programas de Tratamiento de la Ira Ambulatorios .. 264

Encontrar la Mejor Instalación de Tratamiento para el Manejo de la Ira 265

El Compromiso Contractual 266

Tómate un tiempo. 267

Examinando el pensamiento 268

Comunicación asertiva 269

Duración del contrato 269

Deja que las personas te ayuden 270

Recompénsate 271

Capítulo 10: El uso de técnicas de manejo de la ira: juntándolas 272

La práctica hace la perfección 275

Ira y Abogacía 276

Capítulo 11: Recaídas y Tratamiento de la Ira 278

Mentalidad sobre las recaídas 279

Mantente fiel a tu plan. 280

Busca retroalimentación. 280

Incentívate. 281

Signos de advertencia de una recaída 281

Capítulo 12: Medicación para la ira y efectos secundarios 285

Medicamentos Comunes 285

Antidepresivos 285

Estabilizadores del estado de ánimo 286

Medicamentos antipsicóticos 286

La seguridad del tratamiento médico 286

Capítulo 13: Resumen de Técnicas de Manejo de la Ira 288
    Sentirse enojado 288
    Qué hacer 289
    Estrategias Inmediatas 290
    Estrategias a Corto Plazo 291
    Estrategias a Largo Plazo 292
  Conclusión 295

Cómo Dejar de Pensar Demasiado:

27 Técnicas Poderosas para Aliviar el Estrés. Hacking Mental para Encontrar la Libertad Emocional. Despeja tu Mente y Aprende el Arte de Dejar Ir.

Copyright de Robert Clear 2024 - Todos los derechos reservados.

El contenido de este libro no puede ser reproducido, duplicado o transmitido sin el permiso escrito directo del autor o del editor.

Bajo ninguna circunstancia se podrán atribuir culpas o responsabilidades legales al editor o al autor por daños, reparaciones o pérdidas monetarias derivadas de la información contenida en este libro. Ya sea de manera directa o indirecta.

Aviso Legal:

Este libro está protegido por derechos de autor. Este libro es solo para uso personal. No puede modificar, distribuir, vender, usar, citar o parafrasear ninguna parte, ni el contenido dentro de este libro, sin el consentimiento del autor o editor.

Aviso de exención de responsabilidad:

Por favor, tenga en cuenta que la información contenida en este documento es solo para fines educativos y de entretenimiento. Se ha realizado todo el esfuerzo para presentar información precisa, actualizada y confiable, completa. No se declaran ni implican garantías de ningún tipo. Los lectores reconocen que el autor no está participando en la prestación de asesoramiento legal, financiero, médico o profesional. El contenido de este libro se ha derivado de diversas fuentes. Por favor, consulte a un profesional autorizado antes de intentar cualquier técnica descrita en este libro.

Al leer este documento, el lector acepta que bajo ninguna circunstancia el autor es responsable de pérdidas, directas o indirectas, que se incurran como resultado del uso de la información contenida dentro de este documento, incluyendo, pero no limitado a, — errores, omisiones o inexactitudes.

Introducción

Pensar en exceso es muy común y debilitante. Puede impedirte socializar, tener un sueño reparador, afectar tu rendimiento en el trabajo e incluso interrumpir unas vacaciones bien planificadas. Cuando el pensar en exceso se vuelve crónico, puede conducir a molestias tanto físicas como mentales. En resumen, pensar en exceso puede dejarte tanto física como mentalmente exhausto. Si así es como te sientes en este momento, es posible que hayas intentado varias formas de escapar de una situación tan deprimente sin éxito.

Pero entonces, ¿qué es el trastorno de sobrepensamiento? En circunstancias normales, todos nos preocupamos por una cosa u otra, pero cuando tales ansiedades comienzan a absorbernos la vida, entonces se convierte en un problema serio. Aunque no todos sufrirán de tal grado de preocupaciones, algunos individuos son más propensos a sufrir de tales trastornos que otros, especialmente las personas con un historial de trastorno de ansiedad. Los científicos han descubierto que el sobrepensamiento puede activar varias áreas del cerebro que regulan la ansiedad y el miedo.

Pero incluso si nunca has tenido antecedentes de un trastorno de ansiedad, es posible que aún seas propenso a la sobrepensación, especialmente si asumes la responsabilidad de ser un "solucionador de problemas". Tu mayor fortaleza como pensador analítico puede convertirse en tu mayor enemigo, especialmente cuando te quedas atrapado en un pantano de pensamientos improductivos. Además, los sentimientos de incertidumbre en un grado alto pueden inducir un trastorno de sobrepensamiento. Por ejemplo, si ocurrió un cambio significativo, como una gran pérdida en tu vida, podrías perder el control de tu mente y esta podría girar en una dirección obsesiva e improductiva.

Es reconfortante aprender que se puede superar el sobrepensar (y la ansiedad). Hay muchas técnicas efectivas para resolver las ansiedades, sin importar la causa, ya sea el sobrepensar debido a una relación fallida, problemas de salud o cuestiones financieras. Mantente atento, ya que este libro te llevará a través de las técnicas sobre cómo detener el sobrepensar. Pero primero, este libro comenzará definiendo cada problema y luego discutiendo las soluciones más efectivas para cada problema.

Capítulo 1: ¿Qué es la sobrepensación?

Como su nombre indica, pensar demasiado simplemente significa pensar en exceso. En realidad, cuando pasas más tiempo pensando en lugar de actuar y participar en otras actividades, entonces estás pensando demasiado. Puedes encontrarte analizando, comentando y repitiendo los mismos pensamientos una y otra vez, en lugar de tomar acción, entonces estás pensando demasiado. Tales malos hábitos pueden obstaculizar tu progreso, dejándote improductivo.

Cada individuo experimentará el pensamiento excesivo de manera diferente y no hay dos personas que piensen en exceso de la misma manera. Pero en general, todos aquellos que piensan en exceso estarán de acuerdo en que la calidad de su vida se ha visto afectada por su incapacidad para controlar sus pensamientos y emociones negativos. Tales hábitos dificultan mucho para la mayoría de los individuos socializar, ser productivos en el trabajo o disfrutar de pasatiempos debido a la enorme cantidad de tiempo y energía que su mente consume en una línea específica de pensamientos. Tales emociones incontroladas pueden ser muy perjudiciales para la salud mental del individuo.

El exceso de pensamiento dificulta hacer nuevos amigos y mantener a los amigos, te resultará difícil conversar con ellos porque estás demasiado preocupado por qué decir o qué hacer para mantener la conversación. Algunas personas que se ven afectadas por este trastorno pueden encontrar difícil participar en conversaciones generales o interactuar con otros incluso en un entorno normal. Además, algunos pueden tener problemas para mantener una cita o ir a la tienda. Este tipo de pensamiento desperdicia tiempo y agota tu energía, impidiéndote así tomar acción o explorar nuevas ideas. También obstaculiza el progreso en la vida. Esto se puede comparar con atarse una cadena que está conectada a un poste alrededor de la cintura y luego correr en círculos, estarás ocupado pero no productivo. El exceso de pensamiento incapacitará tu capacidad para tomar decisiones sensatas.

Bajo tales circunstancias, es más probable que te sientas preocupado, ansioso y carente de paz interior. Sin embargo, cuando dejas de pensar en exceso, te volverás más productivo, feliz y disfrutarás de más paz.

¿Por qué sobrer razonamos?

Hasta ahora, hay dos explicaciones principales para la razón por la que las personas piensan en exceso:

- El cerebro que piensa en exceso y
- Cultura contemporánea.

El cerebro que piensa demasiado

Nuestro cerebro está diseñado de tal manera que todos nuestros pensamientos están interconectados en redes y nodos. Por ejemplo, los pensamientos sobre el trabajo pueden estar en una red, y los pensamientos sobre la familia en otra.

Existe una fuerte conexión entre nuestras emociones y estados de ánimo. Las actividades o circunstancias que estimulan sentimientos negativos parecen estar conectadas a una red, mientras que aquellas que inducen felicidad están vinculadas a otra red.

Aunque tal interconexión de sentimientos y pensamientos puede ayudar a las personas a pensar de manera más eficiente, también puede hacer que las personas piensen en exceso.

En general, los estados de ánimo negativos a menudo activan pensamientos y recuerdos negativos, incluso si tales pensamientos no están relacionados. Pensar demasiado mientras se está en un estado de ánimo negativo puede llenar la mente de muchas ideas negativas y cuanto más piensas demasiado, más fácil será para su cerebro inducir asociaciones negativas.

Según investigaciones de expertos en el cerebro, se ha descubierto que el daño (o el mal cableado) de ciertas áreas del cerebro puede hacer que una persona sea propensa a la depresión y a pensar en exceso. Tales áreas incluyen la amígdala y el hipocampo, que están involucrados en el aprendizaje y la memoria, y la corteza prefrontal, que ayuda a regular las emociones. Este conocimiento explica en parte por qué algunas personas piensan en exceso más que otras.

La Generación que Piensa Demasiado. Los informes de los estudios realizados por el autor mostraron que los jóvenes, así como los individuos de mediana edad, tienden a pensar en exceso incluso más que los ancianos (aquellos mayores de 65 años).

¿Qué puede ser responsable de esto? Hay 4 tendencias culturales posibles que pueden ser responsables:

- Obsesión por el derecho: Muchos hoy tienen un sentido de derecho sobredimensionado. Tienen derecho a ser ricos, exitosos y felices y, como tal, nadie puede impedirles obtener lo que merecen. Así, la mayoría de las personas se preocupan porque no están obteniendo lo que merecen, intentan averiguar qué los está deteniendo. Tal actitud de sobrepensar ha convertido a muchos en una bomba de tiempo, lista para explotar ante la más mínima provocación.

- El vacío de valores: La mayoría de las personas hoy en día, especialmente los jóvenes, han cuestionado todos los valores que sus padres les transmitieron, como la religión, la cultura y las normas sociales. Por lo tanto, esas personas se quedan con solo unas pocas opciones y, sin valores, una persona terminará cuestionando cada elección que haga y seguirá preguntándose si tomó la decisión correcta. (Esto también puede llevar a la sobre reflexión).

- Cultura del ombligo: La cultura moderna y la psicología popular a menudo animan a las personas a ser más expresivas y a desarrollar una mayor autoconciencia. Sin embargo, la mayoría de las personas a menudo llevan esto al extremo, convirtiéndose en personas excesivamente egocéntricas, sobreanalizan a sí mismas y sus sentimientos. Muchas personas desperdician demasiado tiempo "mirándose el ombligo", reflexionando sobre el significado de cada cambio emocional.

- La necesidad compulsiva de soluciones rápidas: El siglo XXI está lleno de personas que tienden a buscar soluciones rápidas, en lugar de tomarse el tiempo para resolver las cosas gradualmente. Por ejemplo, si alguien está triste o preocupado, puede recurrir a algún escape inmediato como beber alcohol, comprar, tomar medicamentos recetados, practicar un nuevo deporte o hobby, o alguna otra actividad. En resumen, las soluciones rápidas solo proporcionan una solución temporal (o incluso una solución incorrecta).

Síntomas de pensar en exceso

Tener una lista bien definida de síntomas de sobrepensamiento puede ser bastante útil. De hecho, la conciencia es tu mejor defensa, te ayudará a saber cuándo estás en la zona de peligro, y no estar alerta es muy peligroso para tu bienestar mental.

Estar atento a los siguientes síntomas puede ayudarte a realizar una prueba de trastorno de sobrepensamiento. Si observas que estás experimentando el trastorno de sobrepensamiento, puedes notar uno o más de los siguientes síntomas:

- Cuando no puedes dormir: Intenta con todas tus fuerzas conseguir un descanso decente, pero tu mente simplemente no se apaga. Entonces, la agitación y las preocupaciones aparecen.

- Si te automedicas: La investigación sobre el trastorno de sobrepensar ha demostrado que quienes lo padecen a menudo recurren a la comida, el alcohol, las drogas o cualquier medio para modular sus sentimientos.

- Normalmente estás cansado: El cansancio puede ser el resultado del insomnio o de pensamientos repetidos que te agotan la energía.

- Quieres tener el control de todo: Intentas planificar todos los aspectos de tu vida hasta el más mínimo detalle. Pero la verdad es que hay un límite en lo que puedes controlar.

- Te obsesionas con el fracaso: El miedo al fracaso te ha convertido en un perfeccionista y a menudo imaginas lo mal que saldrán las cosas si no resultan bien.

- Temes el futuro: En lugar de estar emocionado por lo que depara el futuro, estás atrapado en tus pensamientos.

- Dudas de tu propio juicio: reconsideras cada decisión que tomas, desde lo que vistes, hasta lo que dices y cómo te relacionas con los demás.

- Tienes dolores de cabeza por tensión: Puedes experimentar dolores de cabeza por tensión crónicos, como si una banda apretada estuviera alrededor de tus sienes. Además, también podrías sentir dolor o rigidez en la zona del cuello. Todas estas son señales de que necesitas un descanso prolongado.

Si alguno de los signos anteriores sucede con demasiada frecuencia, los psicólogos dirán que eres un pensador excesivo o un rumiador. Según los psicólogos, el pensamiento excesivo puede afectar el rendimiento, causar ansiedad o incluso llevar a la depresión.

Peligros de ser un pensador excesivo

Si aún te sientes mal por un error que cometiste hace semanas o estás ansioso por mañana, la realidad es que pensar demasiado en todo puede afectar negativamente tu salud. No poder liberarte de tus preocupaciones te llevará a un estado de angustia persistente.

Es cierto que todos sobrepensamos las situaciones de vez en cuando. Pero esto es diferente de ser un verdadero sobrepensador, alguien que lucha por silenciar sus constantes bombardeos de pensamientos.

Tres peligros de ser un pensador excesivo:
1. **Aumenta tus posibilidades de enfermedad mental:** Según un estudio de 2013 publicado en el Journal of Abnormal Psychology, los informes muestran que pensar en exceso sobre tus errores, deficiencias y desafíos puede aumentar tu riesgo de enfermedad mental.

La rumiación es perjudicial para la salud mental y puede llevar a una espiral viciosa de la que es difícil liberarse y, a medida que tu salud mental se desploma, tiendes a rumiar más.

1. **Interfiere con la resolución de problemas. Informes de varios investigadores han demostrado que los que piensan en exceso siempre asumen que al repasar sus problemas en su cabeza, se están ayudando a sí mismos. Pero esto no es cierto en absoluto; de hecho, muchos estudios han mostrado que tales acciones pueden llevar a la parálisis por análisis.**

Cuando analizamos en exceso todo, puede interferir con nuestra capacidad para resolver nuestros problemas. Terminarás perdiendo tiempo pensando en el problema en lugar de en la posible solución.

También afectará el simple proceso de toma de decisiones, como elegir qué ponerse para el Día de Acción de Gracias o decidir cuándo ir de vacaciones. La parte dolorosa es que pensar demasiado no te ayudará a tomar una mejor decisión.

1. **Afecta tu sueño: Como una persona que piensa en exceso, es probable que entiendas bien este hecho. Cada vez que tu mente se niega a apagarse, entonces no habrá sueño esa noche.**

Los estudios respaldan este hecho, y hay evidencia de que la ansiedad y la rumiación conducen a menos horas de sueño.

Es más probable que pases horas girando de un lado a otro en la cama antes de que finalmente te duermas.

Dormir una siesta, más tarde, puede no ser de ayuda, la ansiedad y el exceso de pensamiento afectan la calidad del sueño que obtendrás, las posibilidades de caer en un sueño profundo después de haber estado pensando son muy escasas.

Tres tipos de sobrepensar

1. Rant y rave sobrepensante: Este es el tipo más común y a menudo resulta de alguna injusticia percibida que se te ha hecho. Puedes sentir que te trataron injustamente y, como tal, estás obsesionado en exceso con tomar venganza. Aunque puedes tener razón al sentirte ofendido, sobrepensar te impedirá ver lo bueno en los demás, más bien, solo los verás como villanos. Tales sentimientos pueden resultar en actos de venganza autodestructivos e impulsivos. Por ejemplo, cuando se es rechazado en una entrevista de trabajo, un sobrepensador puede comenzar a pensar que los evaluadores son sesgados o estúpidos e incluso puede considerar demandar a la empresa por posible discriminación.

2. Pensamiento excesivo con vida propia: Este también es otro grave problema de los que piensan en exceso. Un simple estímulo puede llevar a un ciclo continuo de pensamientos negativos viciosos y posibilidades infinitas, cada uno más malvado que el anterior. Tomemos, por ejemplo, a un pensador excesivo que comienza a preguntarse por qué se siente deprimido y a partir de ahí, pasa a pensar en estar con sobrepeso, por qué no debería mantener amigos cercanos, por qué lo tratan mal en el trabajo y por qué no es querido

en casa. Para él, todos estos sentimientos negativos parecen verdaderos, incluso los pensamientos imaginarios. Tales sentimientos negativos pueden llevar a malas decisiones, como discutir con su esposa o amigos o incluso renunciar a su trabajo.

3. Sobrepensar caóticamente: Este es un tipo de sobrepensar que se caracteriza por preocupaciones y temores aleatorios y no relacionados. Esto puede ser paralizante mental y emocionalmente porque estas personas están confundidas respecto a la verdadera causa de cómo se sienten. Con mayor frecuencia, tales individuos recurren al abuso de drogas o alcohol, solo para escapar de sus pensamientos.

Capítulo 2: Ansiedad y sobrepensar.

Uno de los signos aterradores de cualquier forma de trastorno de ansiedad es la propensión a pensar en exceso sobre todo. La ansiedad y el pensamiento excesivo pueden ser considerados socios malvados. Un cerebro ansioso siempre está hipervigilante y atento a cualquier posible peligro. Probablemente alguien te haya acusado alguna vez de siempre crear problemas para ti mismo a partir de cuestiones insignificantes. Personalmente, creo que en realidad son problemas. ¿Cómo así? En términos simples, la ansiedad te hace pensar en exceso sobre cualquier cosa y todo. Siempre que estamos ansiosos, pensamos en exceso en las cosas de varias maneras, y el resultado de nuestro pensamiento excesivo no suele ser beneficioso. Sin embargo, la ansiedad y el pensamiento excesivo deberían ser temporales y no deberían ser una característica permanente de nuestra existencia.

Formas en que la ansiedad causa sobrepensamiento

El producto final de varios tipos de ansiedad es sobrepensar todo. Existen varios términos para describir cómo la ansiedad conduce al sobrepensamiento. Es posible que esta lista genérica te ayude a recordar pensamientos acelerados específicos que puedes haber experimentado o que es probable que estés experimentando y, por lo tanto, te ayude a darte cuenta de que hay miles de otras personas enfrentando el mismo problema.

- Preocuparse en exceso por quiénes somos y cómo nos ven los demás o si estamos a la altura del estándar del mundo (esta es una forma de ansiedad social y de rendimiento).

- Obsesionarse con lo que deberíamos decir/dijimos/deberíamos haber dicho/no deberíamos decir (otra ansiedad social común).

- Pensando en posibles escenarios temerosos como: ¿qué pasaría si algo malo nos sucediera a nosotros, a nuestros seres queridos o incluso al mundo? (una forma común de trastorno de ansiedad generalizada).

- Temores, resultados asumidos de nuestros propios pensamientos descontrolados, defectos asumidos y sentimientos de incompetencia (todas formas de trastornos de ansiedad).

- Ansiedad por múltiples pensamientos obsesivos, en su mayoría aterradores, y pensarlos de manera continua (una forma de trastorno obsesivo-compulsivo).

- Pensando, sobrepensando, pensamientos vagos, una cadena tumultuosa de ansiedad y pensamientos específicos (todas formas de trastornos de ansiedad).

- Miedo de experimentar ataques de pánico en público y sentir demasiado miedo para salir de casa debido a tal ansiedad (una forma de trastorno de pánico con/sin agorafobia).

Resultado de la ansiedad y la sobrepensación

Cuando estás ansioso, los pensamientos no solo pasan por tu mente y desaparecen, sino que corren a través de tu cerebro continuamente. Esos pensamientos se pueden comparar con un atleta corriendo en una cinta de correr, él sigue corriendo pero no llega a ninguna parte al final, quedando agotado y cansado. Uno de los efectos secundarios de pensar demasiado relacionado con la ansiedad es que es probable que terminemos tanto física como emocionalmente agotados. Tener episodios de los mismos impulsos ansiosos corriendo por nuestro cerebro definitivamente pasará factura.

Otro lado oscuro de la ansiedad y el exceso de pensamiento es que tarde o temprano comenzaremos a percibir todo lo que pasa por nuestra mente como realidad. Quizás podamos creer que lo que pensamos se convierte en realidad y si constantemente pensamos en ello, se vuelve muy real. ¿Verdad? No. Este es uno de los trucos que la ansiedad intenta jugar con nuestras mentes.

Pero la buena noticia es que todos tenemos la capacidad y el poder para detenernos de sentir ansiedad y sobrepensar todo. Aunque este es un proceso que implica múltiples pasos, en este momento, el mejor paso que puedes dar es encontrar algo que te distraiga de sobrepensar. En lugar de luchar con tus pensamientos, desvía suavemente tu atención hacia algo neutral, algo completamente diferente. Al reflexionar sobre algo que no tiene importancia, estarás impidiendo indirectamente sobrepensar todo.

El efecto de "levadura"

El exceso de pensamiento tiene un "efecto de levadura" en tus pensamientos. Al igual que una masa, tu mente puede amasar pensamientos negativos y, antes de que te des cuenta, se elevará al doble del tamaño inicial. Por ejemplo, si un cliente está insatisfecho con tus servicios, puedes comenzar a preguntarte si todos los demás clientes también están insatisfechos sin pensar que probablemente la mayoría de los clientes en realidad pueden estar satisfechos con tus servicios. Si no se toma cuidado, con el tiempo, podrías llegar a la conclusión desalentadora de que tus servicios no son lo suficientemente buenos. Tus pensamientos incluso pueden llevarte de regreso a tu matrimonio y puedes comenzar a preguntarte si tu pareja está satisfecha contigo o si eres lo suficientemente bueno para ella o no. Piensas en lo perfecta que es, en cómo maneja todo de manera impresionante, y concluyes que eres totalmente indigno de ella.

El efecto de "lente distorsionada"

Otro efecto de pensar en exceso es lo que se llama el efecto de "lente distorsionada" y lo que esto significa es que tus pensamientos solo se centran y magnifican tus fallos o tu lado negativo y lo que tus pensamientos ven es solo desesperanza. Por ejemplo, cuando tu hijo llega a casa de la escuela con una mala nota o se mete en una pelea, puedes preocuparte de que esté creciendo mal. Antes de mucho tiempo, empezarás a verte a ti mismo como un mal padre y que más adelante en el futuro, tus hijos terminarán convirtiéndose en malos adultos.

Lo que no es el exceso de pensamiento

Preocuparse es bastante diferente de pensar en exceso. La gente a menudo se preocupa por cosas que pueden o podrían suceder o salir mal. Sin embargo, los que piensan en exceso hacen más que solo preocuparse por el presente, también se preocupan por el pasado y el futuro. Mientras que los preocupados piensan que pueden ocurrir cosas malas; los que piensan en exceso piensan hacia atrás y están muy convencidos de que algo malo ya ha sucedido.

Las personas con trastorno obsesivo-compulsivo (TOC) también son diferentes de la sobrepensación. Aquellos con TOC están obsesionados en exceso con todo o con cada factor externo, como la suciedad o los gérmenes, por lo que sienten que deben lavarse las manos repetidamente para mantenerse saludables. Este tipo de personas se obsesionan con acciones muy específicas y otros asuntos que parecen triviales o absurdos para el resto del mundo, como "¿Cerré la puerta?"

En conclusión, el exceso de pensamiento definitivamente no es "pensamiento profundo." Si bien es saludable estar en sintonía con los propios sentimientos para examinar las propias acciones; el exceso de pensamiento, por otro lado, es insalubre.

Cómo Dejar de Sobrepensar Todo

Ya sea que no hayas comprado un coche nuevo en los últimos 5 años porque no has encontrado el perfecto o no has sido productivo porque cada elección que haces consume tanto tiempo, el exceso de pensamiento puede retrasar tu progreso.

Con gusto, puedes superar el exceso de pensamiento y volverte más productivo. En los próximos 27 capítulos, hay diferentes pasos que se han desglosado para ayudarte a dejar de sobrepensar todo. Al aplicar nuevas técnicas y aprender nuevas habilidades, podrás tomar buenas decisiones a tiempo con poco o ningún estrés.

Capítulo 3: Intenta detenerlo antes de que empiece.

Encárgate de tus pensamientos antes de saltar al oscuro abismo de la sobrepensación, es imperativo que primero aclares sobre qué estás realmente sobrepensando y también reflexiones sobre las formas negativas en que la sobrepensación está afectando tu vida. Tal claridad ayudará a aumentar tu determinación para luchar contra la tendencia a sobrepensar.

Creencias Limitantes

Lo primero que necesitas hacer es seleccionar las preguntas de "¿y si?" que probablemente te harás. Tales preguntas son estimulantes automáticos del pensamiento excesivo.

Pregúntate:

- ¿Cuáles son las preguntas comunes de "¿qué pasaría si?" que suelo hacerme?
- ¿Qué circunstancias o situaciones suelen provocar estas preguntas?

Puede ser que estés sobrepensando porque a menudo haces

las preguntas equivocadas. Más a menudo, en lugar de buscar soluciones al problema, estás ocupado pintando escenarios de "qué pasaría si" en tu mente, preguntándote acerca de todas las posibles cosas negativas que pueden ocurrir.

Así que, respira profundamente e intenta identificar todas las preguntas de "¿qué pasaría si?" que a menudo te haces. Además, trata de detectar circunstancias específicas que probablemente desencadenen tales preguntas.

El siguiente paso es profundizar en las creencias limitantes que puedas tener y tratar de comprender mejor algunos de los efectos que esos pensamientos tienen en tus preocupaciones.

Pregúntate:

- ¿Cuáles son mis "pensamientos" sobre el sobrepensar?
- ¿Cómo afectan tales creencias las elecciones y decisiones que tomo?
- ¿Tienen esos pensamientos alguna ventaja?
- ¿Cuáles son los efectos secundarios a largo plazo de tales creencias?

Cuando piensas demasiado en algo, es evidencia clara de que te aferras a un cierto conjunto de creencias que afecta cómo piensas y cómo respondes en tal situación. Aceptando el hecho, te aferra a tales creencias porque sientes que te son ventajosas. Probablemente, sientes que son ventajosas porque te dan una sensación de control sobre ciertas circunstancias o áreas específicas de tu vida. Pero, lamentablemente, tales creencias te están perjudicando porque te impiden enfrentar las razones principales por las que estás pensando demasiado y ese es un problema serio en sí mismo.

La mejor manera de conquistar tus creencias limitantes es desafiarlas de frente. A continuación se presentan algunos ejemplos de ciertas preguntas que puedes hacerte:

- ¿Por qué creo que no puedo controlar el pensamiento excesivo?
- ¿Por qué creo que pensar en exceso es beneficioso?
- ¿Hay alguna evidencia que respalde tales pensamientos?
- ¿Es la evidencia creíble y confiable?
- ¿Es posible que pueda ver esta situación desde otro ángulo?
- ¿Tengo alguna evidencia que contradiga mis creencias sobre esto?
- ¿Qué me dicen estos sobre mi mal hábito de sobrepensar?

Si dedicas más tiempo a cuestionar diligentemente tus creencias limitantes sobre el pensamiento excesivo, descubrirás que pensar en profundidad es beneficioso, ya que detectarás más huecos y todo esto facilitará que abandones tales creencias y, por lo tanto, fortalecerás tu determinación de seguir buscando soluciones a tus problemas.

Todos los pensamientos que conducen a la sobrepensación son simplemente problemas que necesitas resolver. Pero, si estás constantemente nadando en una piscina de preocupaciones incontrolables, nunca podrás resolver tus problemas.

Estrategias de afrontamiento poco útiles

En este punto, tómate un momento para reflexionar sobre algunas de las estrategias que utilizas regularmente para lidiar con tus pensamientos luego,

Pregúntate:

- ¿Cuáles son las estrategias que empleo para lidiar con mis pensamientos?
- ¿Qué hago para evitar mis preocupaciones?
- ¿Cuáles son algunas estrategias que he intentado para controlar mis pensamientos?
- ¿Suelo suprimir mis pensamientos? Si es así, ¿cómo?
- ¿A menudo intento distraerme de mis preocupaciones? Si es así, ¿de qué maneras específicas?
- ¿Cómo suelo manejar mis preocupaciones?

- ¿De qué maneras específicas me ayudan todas estas estrategias de afrontamiento?
- ¿Cómo me perjudican estas estrategias de afrontamiento?
- ¿Cuáles son algunas mejores maneras de manejar mis preocupaciones?

Obtener claridad sobre las estrategias comunes que utilizas regularmente para manejar tus preocupaciones te ayudará a recibir comentarios valiosos que podrás utilizar de manera efectiva para controlar tus preocupaciones en el futuro.

Prepárate para entrenar tu mente para establecer una relación saludable con tus pensamientos.

Tus pensamientos son definitivamente diferentes de la realidad. Sin embargo, tus pensamientos pueden tener un fuerte impacto en ti en la vida real, dependiendo de cómo los veas.

Descarta el dicho de que eres tus pensamientos. Más bien, busca formas de establecer una conexión con tus pensamientos y de mantener una relación saludable con ellos.

Si observas que un pensamiento en particular sigue apareciendo en tu mente, puedes hacerte estas preguntas:

- ¿Percibo este pensamiento como solo un constructo mental o creo que es la realidad?

- ¿Me mantienen esos pensamientos despierto toda la noche, o simplemente los dejo ir?
- ¿Acepto los pensamientos tal como vienen o intento cambiarlos?
- ¿Estoy abierto a otras ideas o simplemente me aíslo de ellas?
- ¿Qué pensamientos despierta en mí este pensamiento?

Después de plantear tales preguntas, espera a que surjan las respuestas— aunque las respuestas pueden no ser obvias al principio, plantear tales preguntas es muy importante. Gradualmente, podrás relacionarte con tus pensamientos.

Puedes simplemente preguntar, "¿Pero es esto verdad?"

El mejor tipo de relación que puedes establecer con tus pensamientos es una que esté llena de aceptación y, a la vez, de una medida de distancia saludable. Lo que esto significa es que estás abierto a cualquier pensamiento y no intentas actuar como si no existieran; sin embargo, también puedes intentar, tanto como sea posible, no dejar que te hundan.

Por ejemplo, si tuviste una mala experiencia con un cajero horrible, puedes empezar a pensar que las cosas podrían ser mejores si solo hubieras ido a otra caja, pero no necesitas creer tales interpretaciones mentales porque son meras suposiciones y no la realidad última. ¿Cuáles son las posibilidades? Probablemente esta persona en particular es un cajero maravilloso que simplemente está teniendo un mal día y tal vez si eligieras la otra fila todavía estarías en la cola. Tales pensamientos te mantienen abierto a las posibilidades.

Cuando te felicitas a ti mismo o reconoces que te sientes bien por lo que hiciste, tiendes a disfrutar de esos sentimientos. Por ejemplo, cuando te dices: "¡Bien hecho, yo! ¡Lideré al equipo hasta la cima!" Sin embargo, esto no significa que tu rendimiento en el próximo juego será el mismo. Tampoco te convierte en una "mejor persona" porque tu autoestima no está ligada a qué tan bien puedes liderar un equipo.

Siempre desafía tus pensamientos. Aprende a identificar y detener cualquier pensamiento adicional.

Capítulo 4: Enfoque en la Resolución Activa de Problemas.

Las formas activas de resolver problemas son una de las habilidades más valiosas que necesitamos, pero rara vez pensamos en ellas en nuestras ajetreadas vidas diarias. Más bien, a menudo centramos nuestra atención en tratar de abordar las diversas emociones difíciles que enfrentamos. Es cierto que también necesitamos habilidades de afrontamiento para limitar el exceso de pensamiento, pero es igualmente importante que nos armemos con habilidades que podamos usar para gestionar o lidiar con los problemas que causan el exceso de pensamiento. Este es el papel que desempeñan las habilidades activas de resolución de problemas.

Necesitamos entender que hay ciertas circunstancias que están más allá de nuestro poder y que no podemos cambiar. Por lo tanto, pensar demasiado en este tipo de circunstancias no tiene ningún beneficio. Sin embargo, no tienes que dejar de buscar maneras de solucionar otros problemas simplemente porque no puedes ver una solución obvia.

Necesitamos entender la diferencia entre habilidades de resolución de problemas productivas y el exceso de pensamiento. Algunas de las características del exceso de pensamiento incluyen lo siguiente:

- Te hace repetir los mismos pensamientos una y otra vez.

- Te hace seguir buscando "soluciones" a problemas que sabes que no tienes el poder de cambiar.

- Te hace centrar tu atención en cambiar cosas que ya sucedieron en el pasado.

Sin embargo, las habilidades para resolver problemas tienen las siguientes características:

- No te hace pensar en lo mismo una y otra vez.

- Termina produciendo soluciones alternativas, la mayoría de las cuales están dentro de tu capacidad para ejecutar.

- Te hace sentir positivo y sentir que estás logrando algo valioso incluso antes de que se alcance una solución.

¿Qué es la resolución activa de problemas?

A menudo es más efectivo y beneficioso concentrarse en intentar resolver el problema en cuestión que en tratar de controlar cómo te sientes al respecto. Enfrentar tus problemas de frente te ayudará a tomar el control de tu vida con menos estrés. Este proceso de manejar problemas se conoce como resolución activa de problemas. Se centra en hacer esfuerzos activos para resolver el problema desde la raíz, en lugar de pasar por alto el problema.

Sin embargo, este procesamiento no es tan fácil como parece. Enfrentar nuestros problemas directamente puede ser muy difícil a veces. Esto se debe a que tienes que confrontar tus miedos, abordar conflictos o, en ocasiones, salir de tu zona de confort hasta que el problema se resuelva. Pero la solución activa de problemas en realidad tiene beneficios a largo plazo porque ayuda a reducir la incomodidad futura ya que el problema ya no está perturbando tu mente.

Preguntas que Hacerte

Hay varias razones por las que necesitas hacerte estas preguntas. Puede ser que tengas dudas sobre los movimientos comerciales que planeas realizar, o que estés enfrentando algunos desafíos en tu relación, encontrar respuestas a estas preguntas te ayudará a saber si eres del tipo que rumia demasiado o del que resuelve problemas.

- ¿Siempre me enfoco en el problema o busco una solución? Considerar varias formas de salir de deudas puede ser útil. Pero centrar tu atención o preocuparte por lo que sucederá si eventualmente te quedas sin hogar debido a tu situación financiera no es el camino a seguir.

- ¿Hay una solución para este problema? Es bueno aceptar el hecho de que no todos los problemas se pueden resolver. Por ejemplo, un ser querido con una enfermedad terminal, o un error que ya cometiste en el pasado no se puede deshacer. Sin embargo, aún puedes controlar cómo respondes a tales situaciones. La resolución de problemas puede implicar aprender a sanar tus emociones o un procedimiento real para resolver el problema. Pero pensar en exceso, por otro lado, implica repasar cosas que ya sucedieron o desear que las cosas fueran diferentes.

- ¿Qué lograré pensando en esto? Suponiendo que estás revisitando un evento pasado para obtener nueva perspectiva o aprender de él, esto podría ser útil. Pero si lo único que estás haciendo es reproducir tus errores, repetir una conversación pasada o simplemente imaginar todas las cosas que pueden salir mal, entonces estás sobrepensando.

¿Cuándo es efectiva la resolución activa de problemas?

En la vida, hay algunas situaciones que no podemos controlar. En este tipo de situación, ningún plan activo de resolución de problemas puede cambiar las cosas. Todo lo que tenemos que hacer es resistir y luego seguir adelante.

No puedes resolver un problema sobre el cual no tienes control. La mayoría de estos problemas tienen que ver con las decisiones de otras personas. Por ejemplo, tu hermana acaba de tomar la decisión de casarse con su amante de mucho tiempo y tú, por otro lado, estás en contra de la decisión. Ahora, la decisión no es tuya para tomar, así que no puedes controlar la situación. Por lo tanto, no puedes resolverlo.

Mirando otro escenario, donde la calefacción de tu casa no

funciona y eso ha causado un problema entre tú y tu arrendador. Esta situación puede resolverse mediante una solución activa de problemas porque está bajo tu control o puedes decidir soportar la casa fría utilizando habilidades centradas en la emoción.

Cómo utilizar la resolución activa de problemas

Evalúa la situación Ciertas cosas nos afectan diariamente; algunas personas se obsesionan tanto con ellas que les roban su alegría y felicidad. Cuando nos encontramos con problemas como estos, primero debemos evaluar la situación. Antes de abordar cualquier problema, tendrás que evaluar el problema en cuestión. Considera si puedes controlar el resultado de los eventos, si el problema puede ser resuelto o soportado. Si puede ser resuelto, ¿cómo puedes hacerlo? Tomar en cuenta todo esto te ayudará a manejar mejor las situaciones o problemas.

Determine el curso de acción más efectivo. Después de la primera etapa, donde evalúas la situación y te das cuenta de que se puede resolver. La siguiente etapa es elegir la medida más adecuada para abordar el problema.

Tomando la ilustración del problema entre el propietario y el inquilino mencionado anteriormente, hay diferentes maneras de resolver ese problema. Una forma de abordarlo es gritarle al propietario y asegurarse de que su vida sea un infierno viviente hasta que repare la calefacción. La otra opción puede ser escribir una carta a su propietario, explicando el problema que está enfrentando con la calefacción, luego documentar una copia para usted. Sin embargo, esto debe hacerse con base en los derechos del inquilino en su provincia. Ahora, hay dos opciones que pueden solucionar el problema, pero ¿cuál es la más apropiada?

La primera opción puede parecer más fácil y rápida, pero piensa en las consecuencias. Ningún propietario estará contento con tal reacción y esto puede crear más problemas para ti. Sin embargo, la última es la opción más efectiva.

Puede ser difícil tomar decisiones solo, especialmente cuando hay emociones involucradas. Por lo tanto, busca el consejo de buenos amigos o terapeutas que puedan ayudarte a ver mejores opciones.

Convierte la sobrepensación en resolución de problemas. ¿Cuál es la necesidad de sobrepensar cuando puedes resolver el problema? La sobrepensación no te hace ningún bien, más bien consume la energía que habrías utilizado para resolver el problema y alcanzar un propósito. Sé muy consciente de detenerte cada vez que te veas forzado a sobrepensar. Por lo tanto, en lugar de desperdiciar tu tiempo y energía preocupándote, úsalo para la resolución activa de problemas. Esto no solo te dará paz mental, sino que también podrás deshacerte de algunos problemas.

Conoce la diferencia entre resolver problemas y preocuparse.

Capítulo 5: Considera el Peor Escenario.

Parece un poco impráctico, ¿verdad? Cuando estás totalmente asustado y agobiado por el estrés, una cosa que no querrás hacer es pensar en el peor escenario posible. ¿Verdad?

Nuestra mente nos cuenta historias convincentes. Nuestros pensamientos son lo suficientemente poderosos como para decidir lo que hacemos o no hacemos. Un método para controlar el exceso de pensamiento es imaginar el peor escenario posible.

Si estás sobrepensando, habrá un aumento en tu esfuerzo mental y esto influirá negativamente en tu rendimiento. Hacer planes para una situación difícil asegura que estás preparado para cualquier sentimiento horrible durante el transcurso del evento, así que te estás preparando para maximizar todo tu potencial.

Para redirigir tus pensamientos hacia otros más positivos, aquí hay tres breves afirmaciones personales. Al usar una o más de ellas, puedes lograr la calma y continuar.

"Actualmente no está sucediendo." Claro, definitivamente es probable que un evento desafortunado pueda ocurrir, pero actualmente no está sucediendo. Esta afirmación podría ayudarte a tomar conciencia de que, en este momento, estás a salvo.

"No importa lo que pase, puedo manejarlo." Esta frase te hace consciente de tus recursos internos y te motiva a superar los problemas de la vida. Esta idea proviene de la tradición de la Terapia Cognitivo-Conductual.

"Soy responsable de mis problemas. ¿Puedo ponerle fin? La primera parte de esta frase se originó en las Cuatro Nobles Verdades del Budismo. Algunas veces, me digo a mí mismo "¡Soy responsable de mis problemas! ¡Otra vez!" Uso esta frase tan a menudo que ahora la he resumido a, "responsable de mis propios problemas." Esto me ayuda a ahorrar tiempo.

La segunda parte de la frase, "¿Puedo ponerle fin?", tiene su origen en estudios motivacionales que aconsejan que es más probable que te sientas motivado al hacerte una pregunta, en lugar de decir: "Puedo ponerle fin a esto", o de forma crítica - "Evita causarte más problemas" - esto solo crea problemas adicionales. La simple pregunta, "¿Puedo ponerle fin a esto?" te hace consciente de que depende de ti tomar esa decisión. Definitivamente, si hay un evento desafortunado que pueda ocurrir, tal vez una muerte en la familia, un divorcio o un desastre natural, lo ideal será preguntarte: "¿Cuál es la mejor manera de prepararme en caso de que esto ocurra alguna vez?". Hacer preparativos para tu plan de acción puede ser un alivio para la preocupación.

Si eres responsable de tus propios problemas al hacerte preguntas del tipo "¿y si...?", admite estos pensamientos, consuélate con una de esas afirmaciones mencionadas anteriormente y luego sigue adelante. Si descubres que tus pensamientos están divagando hacia tus pensamientos trágicos favoritos, no te desanimes. Cambiar tus hábitos de pensamiento puede ser difícil y se esperan lapsos. En realidad, controlar los pensamientos trágicos es un proyecto que puede durar toda una vida. Sin embargo, las afirmaciones positivas pueden ayudarte a superar los "¿y si...?" muy rápidamente, para que puedas concentrar tus pensamientos en las cosas que son importantes para ti.

Qué Hacer al Considerar el Escenario Más Desfavorable

Dado que soy un verdadero hijo de mi madre, pensar en el peor escenario posible me resulta natural. ¿Cómo podemos prevenir esto, dado que ese tipo de pensamiento está arraigado en nuestro ADN?

Así que....

- Tenga en cuenta que su peor situación es solo su peor situación. Lo que usted considera como su peor posible escenario se basa exclusivamente en sus experiencias y conocimientos personales. Hablando estrictamente, siempre hay alguien que está enfrentando una situación más terrible. Así que, su peor situación podría no ser ni siquiera el peor posible escenario.

- Sabe que no conoces lo peor. No creas que conoces lo peor. Hace mucho tiempo, mi madre me dijo que creó el peor escenario posible que puede suceder. Y como le dije a mi madre, es difícil imaginar TODAS las posibilidades. Deja de intentarlo, simplemente es imposible.

- Reorienta tu energía. Puede ser muy agotador imaginar todos los peores escenarios posibles. Si gastas tanta energía pensando, no te queda energía para tomar acción. Así que canaliza tu energía de "¿Qué pasaría si?" en concentrarte en dar pasos.

- Acepta lo peor. Lo peor puede suceder y puede ser terriblemente horrible. No estás aprendiendo si no estás herido. Así que si ocurre el peor de los casos, acéptalo y aprende de ello.

Por qué deberías considerar el peor de los casos

A veces, cuando llegamos a la raíz de nuestro mayor miedo, nos damos cuenta de que no es tan aterrador. Si te ves obligado a volverte innovador, tu sufrimiento puede dar lugar a resultados positivos, crear una solución y ayudar a superar tus desafíos.

Hay algunas razones por las cuales esto es eficaz para muchas personas:

- Te permite volver al momento presente. La mayoría de las veces, cuando sentimos miedo, es porque dejamos que nuestro cerebro se descontrole con todos los escenarios posibles. Pensar en la peor posibilidad y aceptar esa realidad ayuda a traerte de vuelta al momento presente.

- Crea el espacio necesario para evaluar tus pensamientos y sopesar las posibilidades. Cuando evaluamos aquellas cosas que son muy importantes para nosotros, podemos proporcionar una explicación para el miedo preguntándonos: "¿Cuáles son las posibilidades de que esta cosa que me asusta realmente suceda?" También puedes evaluar tus pensamientos a fondo con algunas preguntas básicas.

- Eventualmente, te permite procesar, con la certeza de que, incluso si lo peor llega a pasar, aún estarás bien. Para muchos "si", simplemente queremos saber que el próximo paso que tomemos no nos llevará a las partes más oscuras de la Tierra. Cuando evaluamos la peor posibilidad, dar ese próximo paso será más fácil.

Finalmente, todos estamos intentando garantizar nuestra seguridad y nuestra respuesta fisiológica al estrés es una excelente herramienta. Sin embargo, es importante evaluar el estrés para asegurarse de que la peor posibilidad sea realmente la peor y la mejor cosa que se puede hacer al enfrentar problemas es encontrar soluciones.

Aprende a moverte según el flujo, ríndete al viento, gira al lado y hazte cargo.

Capítulo 6: Programar Tiempo de Reflexión.

Pensar y sobrepensar son dos cosas diferentes. Pensar es el proceso de considerar ideas, acciones y cosas similares. Es un proceso de examinar y reflexionar sobre posibles reacciones, acciones o ideas. Este acto es muy importante y esencial antes de tomar decisiones. Puede que no sea tan fácil controlar cómo, cuándo y sobre qué pensar, pero esto es muy alcanzable a través de la práctica constante. La práctica siempre conducirá a la perfección.

Tan importante como es pensar, todavía tenemos que estar en control de lo que pensamos, cuándo pensamos y con qué frecuencia lo hacemos. Dejar que nuestras mentes elijan nuestros momentos de pensamiento por nosotros podría no ser tan saludable, ya que estaremos pensando al azar. Una forma en que podemos prevenir esto es programando nuestro tiempo de pensamiento a un período más cómodo y manteniéndonos fieles a ello.

El proceso de pensamiento es más adecuado durante el día que por la noche. Esto se debe a que nuestras mentes necesitan descanso, y el momento perfecto para descansar la mente es por la noche, mientras dormimos. Por lo tanto, en lugar de mantener la mente ocupada por la noche, utilízala durante el día para pensar y resolver ciertos problemas. Esto te ayudará a tener un descanso perfecto por la noche. Sin embargo, cuando se trata de fantasizar sobre algo, el momento más adecuado para hacerlo es por la noche y no durante las horas de trabajo cuando necesitas concentrarte.

Pensar en exceso es un hábito que se forma con el tiempo y cambiarlo puede llevar un tiempo. Es un proceso multifacético que requiere mucho más que simplemente decir palabras de determinación. Tienes que estar decidido en tus acciones y programar tiempo para pensar es una de esas acciones que puedes tomar.

Los pasos de "Programar Tiempo de Pensamiento".

Programar tiempo para reflexionar puede parecer muy abstracto para los principiantes, pero mejora con la constancia. Hay pasos involucrados en hacer esto. A continuación, se presentan los pasos o pautas que necesitas seguir. No importa cuán tontos parezcan los siguientes pasos, no pares el ejercicio.

1. Selecciona un proceso de reflexión que se ajuste a tus preferencias. Hay muchas maneras en las que podemos reflexionar sobre las cosas, algunas de estas maneras son: tener un diario, abrirte a alguien en quien puedas confiar, dar un paseo, y muchas más. Si un método no parece alcanzable, prueba otro, pero tómate el tiempo para meditar. Cuando tenemos problemas, no deberíamos desestimarlos con charlas incesantes sobre deportes, noticias y moda. Hablar de estas cosas no es malo, pero cuando ocupan nuestro tiempo de reflexión, se convierte en un problema.

2. Programa tiempo de reflexión cada día durante una semana. Forma el hábito de pensar a la misma hora todos los días durante al menos una semana. Para empezar, puede ser

un mínimo de 15 minutos, usualmente por la mañana o durante el día. Tu tiempo de reflexión no debe ser por la noche, justo cuando estás a punto de dormir. Esto se debe a que te mantendrá despierto y no obtendrás el sueño adecuado que requiere el cuerpo.

3. Comienza pequeño. Como principiante, no tienes que forzarte a tener una hora de reflexión si no puedes cumplirlo. Programar tiempo para pensar es un proceso. Programar tiempo de reflexión es una cosa, cumplir con ello es otra. Por lo tanto, comienza pequeño, puede ser 10 minutos o menos, siempre que puedas cumplir con el tiempo.

4. No planifiques sobre qué vas a pensar. Deja que esta cita contigo mismo sea totalmente improvisada. No apartes la cosa exacta en la que vas a pensar y no programes tu tiempo para que caiga bajo los días o períodos en los que tienes mucho trabajo que hacer. No debería haber agenda para esta reunión, deja que sea un tiempo de sorpresa para ti y tus pensamientos.

5. Durante esa ventana de 15-30 minutos, escribe todos los pensamientos que tienes. Antes de tu tiempo de reflexión cada día, determina que no te preocuparás ni sobrepensarás sobre los pensamientos que estás a punto de tener, hasta la próxima sesión de reflexión. Esto te ayudará a mantener tus pensamientos bajo control incluso después del tiempo de reflexión.

A veces, puede que no sepamos qué nos está molestando, pero con este paso, estas cosas se revelarán. Se recomienda que durante nuestras horas de reflexión, intentemos anotar los pensamientos que tuvimos. Esto ayudará a darnos una visión más clara de lo que nos molesta y lo que no. Antes de que finalice tu tiempo de reflexión, si tu mente te lleva a las posibles soluciones a tus problemas, entonces está bien, pero si no, no pienses en el problema fuera de tu ventana de reflexión.

6. Entre los tiempos de reflexión. No pienses en tus pensamientos durante el último tiempo de reflexión hasta el siguiente. Esto significa que no debes preocuparte por tus problemas o las soluciones a ellos fuera de tu tiempo de reflexión. Esto no es tan fácil como suena, necesitarás acciones deliberadas para evitar preocuparte por ciertos asuntos al azar. Determina firmemente dentro de ti preocuparte por tus problemas solo durante tu tiempo de reflexión programado.

7. Al final de la semana, tómate unos minutos para revisar lo que anotaste a lo largo de esa semana. Al final de cada semana, dedica tiempo a reflexionar sobre tus pensamientos de la semana. Observa los pensamientos recurrentes, los pensamientos que dejaron de venir después de un tiempo, los que siguieron apareciendo, los cambios en tus pensamientos, y cada detalle de tus patrones de pensamiento. Medita sobre estos descubrimientos, ya que esto te ayudará a seleccionar los primeros diez de tu lista.

8. Haciendo esto durante una semana, considera intentarlo por otra. Recuerda que la práctica hace al maestro, un hábito no se forma en un día, pero la consistencia lo hace posible. Practica los pasos anteriores más a menudo y te darás cuenta con el tiempo de que tienes el control de tus pensamientos, dónde, cuándo y con qué frecuencia piensas.

El proceso de pensamiento es muy esencial, como se mencionó anteriormente; es una de las medidas activas para resolver problemas. Es una de las formas de lidiar con las incertidumbres de la vida. Esta vida está llena de riesgos, no podemos predecir lo que sucederá en los próximos 30 minutos y esto ha llevado a muchas personas a preocuparse por cada pequeño detalle. Sin embargo, en lugar de entregarte a todas las causas de preocupación en la vida, puedes pensar en las que puedes resolver y dejar ir las que no puedes.

Entrena tu mente para mantener la calma y la paz en las situaciones.

Capítulo 7: Piensa Útilmente.

La mayoría de nosotros disfrutamos sobrepensar situaciones sobre las que realmente no podemos hacer nada. Para ser honesto, es totalmente inútil seguir pensando en estas cosas. Te recomendaría encarecidamente que comiences a pensar de manera efectiva.

Por ejemplo, has estado esperando una promoción en el trabajo. Tienes que recordar que obtener esa promoción está TOTALMENTE en manos de tu empleador, sin importar qué calificaciones adicionales agregues a tu currículum. Pensar inútilmente, en este caso, es una pérdida de tiempo y energía mental preguntándote si te promoverá o no.

Al contrario, tu pensamiento debería estar centrado en lo que necesitas hacer para calificar para una promoción. Puede que necesites mejorar tus habilidades, obtener otro certificado o incluso demostrar más dedicación a tu trabajo. Sea cual sea el caso, piensa en producir resultados, ¡no en lamentarte!

Estoy de acuerdo en que no es fácil romper algunos hábitos de pensamiento, pero liberarte de estos patrones puede desbloquear la ingenio en ti y aquí tengo varias maneras para ayudarte a liberarte de estos patrones de pensamiento.

Prueba teorías. Hay suposiciones esenciales para cada nuevo

caso. Debes probar estas teorías para una variedad más amplia de oportunidades y perspectivas.

Presumes que no puedes permitirte comprar una casa o incluso hacer un depósito, así que no compras la casa basándote en esta presunción. Prueba esa teoría evaluando tus activos para ver si su valor puede conseguirte esa casa a cambio. Quiero decir, puede que no tengas el dinero en efectivo o en tu cuenta, pero no tomes una acción enorme basada en una presunción. Pregúntate qué puedes hacer para conseguir el dinero y tal vez no parezca tan imposible.

Parafrasea el problema. Te podrías sorprender al descubrir que te vuelves innovador al expresarlo de manera diferente. Solo puedes lograr esto con una mente abierta y mirando el problema desde diferentes perspectivas. Intenta verlo desde afuera, sin sentimientos, para que puedas abordar el problema lógicamente. Pregúntate todas las preguntas difíciles pero importantes y te será más fácil idear nuevos planes para solucionar los problemas.

A mediados de los años 50, las empresas que poseían envíos perdieron su carga en vagones. A pesar de que luego intentaron enfocarse en una construcción y desarrollo más rápidos, así como en barcos más eficaces, aún no pudieron solucionar los problemas. Pronto, un especialista cambió la descripción del problema, hablando de él de una manera totalmente diferente. Sugirió que evaluar las formas en que la industria puede comenzar a disminuir el costo debería ser el nuevo dilema. Esta nueva dirección de enfoque abrió puertas a nuevas estrategias. Cada área, sin excluir los envíos y el almacenamiento, fue deliberada. Eventualmente, el resultado de este nuevo enfoque fue lo que se llama un buque portacontenedores y un vagón/caja de rodadura.

Invierte tus pensamientos. Cuando te sientas atascado y no puedas resolver un problema, intenta invertirlo o hacer un cambio de enfoque. Tómalo desde el otro extremo. Considera cómo crear el problema y agravar la situación, en lugar de deliberar sobre cómo puedes solucionarlo. Esta estrategia de inversión generará nuevos consejos sobre cómo abordar el caso. Cuando luego pongas el asunto en su lugar, podrías obtener claridad.

Utiliza diversas formas de comunicar. No siempre tenemos que usar nuestro medio verbal lógico ante un problema, que es algo de lo que somos bastante típicos. Somos demasiado inteligentes para limitar nuestras capacidades de razonamiento. Utiliza otros métodos para articular los problemas. En este momento, no te preocupes demasiado por resolver el asunto. Simplemente articula. Varias personas con diversos medios de articulación pueden generar muchos nuevos patrones de pensamiento para engendrar nuevas ideas.

Conecta los puntos. Parece que la mayoría de las ideas más efectivas nunca son planeadas, simplemente ocurren. Puede ser algo aleatorio que viste o escuchaste que te inspira lo suficiente para dar a luz esa idea inteligente. Hay muchos ejemplos que apoyan esto: Apple, Newton, y así sucesivamente.

Te podrías preguntar por qué nos afecta la aleatoriedad de esta manera, es porque estas cosas impredecibles activan nuestros cerebros en nuevos patrones de pensamiento. Por lo tanto, puedes usar esto a tu favor y vincular los segmentos desconectados.

Caza deliberadamente un ímpetu incluso en lugares sorprendentes y trata de vincular las piezas desconectadas del caso y el ímpetu. Las formas de construir la red son:

Usa consejos no relacionados. ¿Qué tal si eliges al azar una palabra del diccionario y tratas de crear una conexión entre tu problema y la palabra?

Asocia las ideas probables. Pon una palabra en particular en la página, escribe todo lo que se te ocurra en esa misma página. Luego intenta crear una red entre ellas.

Puedes tomar una foto al azar, por ejemplo, y ver cómo puedes vincularla al caso.

Recoge algo, cualquier cosa, y considera cómo puede contribuir positivamente a tu caso haciéndote preguntas vitales para descubrir qué característica tiene el objeto que puede ayudar a revertir la situación.

Cambia tu perspectiva. Si quieres ideas frescas, es posible que necesites cambiar la forma en que ves la situación porque, a medida que pasa el tiempo, tener un punto de vista particular solo resultará en las mismas ideas asociadas.

Pide la opinión de otros. Las personas son muy diferentes, todos tenemos diferentes formas de abordar una situación. Por lo tanto, pregunta a otras personas por sus opiniones y su línea de acción preferida en el caso. Puede ser un niño, un amigo, un patrón, tu pareja, o incluso un extraño al azar con un estilo de vida completamente diferente y quizás una perspectiva de vida completamente distinta.

Sumérgete en un juego. Puedes intentar ver las cosas desde el punto de vista de un millonario, por ejemplo, o preguntarte qué haría Obama si fueras él.

Cualquier persona notable que elijas tiene un carácter distintivo, por lo tanto, considera estos atributos y úsalos para abordar el problema desde otro ángulo. Por ejemplo, si asumes el papel de millonario, entonces puede que necesites mostrar también sus atributos al elaborar estrategias.

Atributos como la extravagancia y un negocio aventurero. Alguien como Tiger Woods, por otro lado, es más probable que muestre perfeccionismo, tenacidad y una observación minuciosa de cada detalle del caso.

No solo deberás planificar un diseño facultativo, sino que también querrás practicar todos los consejos mencionados anteriormente. El diseño facultativo que se te ocurra puede ayudar a generar una sensación optimista, lo que a su vez mejora tu pensamiento innovador.

Cada vez que te sientas deslizándote hacia el modo de sobrepensar, dirige tus pensamientos hacia un pensamiento efectivo y deshazte de cualquier pensamiento que no sea productivo.

Todo lo que somos se debe a nuestras decisiones. Las amistades, la salud, o incluso nuestra vocación y cada otra cosa que nos hace quienes somos hoy son nuestra capacidad o incapacidad para tomar decisiones, y las elecciones que ya hemos hecho. Dicho esto, es lamentable que muchas personas todavía encuentren difícil tomar decisiones. Aun cuando todo lo demás parece estar yendo bien para nosotros, cuando las cosas se complican y llega el momento de tomar esa decisión, nos acobardamos. Simplemente parece tan difícil decidirse por algo y mantenerse firme en ello.

Cada día, vivimos por las innumerables decisiones que tenemos que tomar, minúsculas o enormes. De eso se trata la vida. El progreso será más alcanzable si podemos descomponer estas decisiones enormes en decisiones pequeñas.

La afirmación de que la mejor decisión es no tomar ninguna decisión en absoluto, es casi siempre inexacta. Las personas indecisas tienen más probabilidades de ser controladas por sus vidas en lugar de al revés. Sin control sobre tu vida como resultado de la indecisión, es posible que no seas tan autosuficiente como te gustaría, por lo tanto, necesitas aprender a ser decisivo y tomar las riendas de tu vida.

La mejor manera de incitar tu hábito de sobrepensar es

tener una decisión que tomar con la necesidad de acertar y más que suficiente tiempo para hacerlo. Todo el proceso de contemplar el mejor paso a seguir, considerando todas tus opciones mientras te tomas tu tiempo, es simplemente una invitación a sobrepensar las cosas. Establecer un límite de tiempo para ti mismo es realmente la manera más efectiva de frenar ese hábito. Se aconseja establecer un límite con un plazo basado en la gravedad o magnitud de la decisión. Asegúrate de detener toda evaluación adicional una vez que se alcance el límite y simplemente selecciona una opción, actúa en consecuencia y procede.

El propósito de este consejo es no dejar ninguna oportunidad para la sobrepensación y fomentar la acción a través de tu límite de tiempo establecido. Es bastante fácil: simplemente comienza a cronometrarte justo cuando inicias el proceso de análisis para tomar una decisión. Debido a tu conciencia del tiempo, tu análisis de las ventajas y desventajas será más conciso. De hecho, esta técnica es tan fácil y factible.

Si te tomas demasiado tiempo para tomar decisiones, entonces este consejo es justo lo que necesitas. Puedes establecer el tiempo tan corto como 1 minuto, o tan largo como 5 minutos, o cualquier número intermedio.

Cómo Establecer Límites de Tiempo Para Tus Decisiones

- Establece un límite en tu número de opciones. Al intentar tomar una decisión, reduce tus opciones a un máximo de 3 cosas, en lugar de dejar tus opciones amplias, vastas y sin límite.

- La Ley de Parkinson (establece un límite en tu tiempo). Cuando estableces un límite de tiempo, te hace trabajar menos y estresa menos tu cerebro, y simplemente no habrá suficiente tiempo para lograr trabajar intensamente. El trabajo solo se trasladará para aprovechar el tiempo disponible.

- Mantén tus opiniones al mínimo. Tres personas para ofrecer sus opiniones son suficientes para ayudarte con tu análisis. No te causes confusión, las personas son diferentes, cuantas menos opiniones contradictorias recibas, más fácil será llegar a una conclusión.

Recordatorio: si encuentras que persistentemente pides las opiniones de los demás, entonces podría indicar que quizás no estés tan seguro de lo que quieres, o simplemente puede que no lo quieras en absoluto. Obtener una segunda o tercera opinión de vez en cuando puede ayudarte a verificar una decisión que probablemente ya has tomado.

- Técnica de la servilleta. Como no puedes hacer mucho en una servilleta, es mejor esbozar tu plan en una servilleta primero y descubrirás que solo se dibujarán las cosas más importantes.

- Sé positivo. Cuando aprendes a ver la positividad en cada opción y decisión, entonces podrás aceptar las consecuencias de cualquier manera, sin arrepentimientos. Tomas la decisión y luego aprendes de ella.

- Técnica de caminar por la tabla. Haz un voto para hacer algo que odias o que preferirías no hacer si no tomas una decisión dentro de tu tiempo estipulado. O vas hasta el final o no vas en absoluto.

Establece un límite en la cantidad de decisiones que tomas por día.

Para frenar el overthinking, dale a tu cerebro suficiente tiempo y espacio para cuando tengas decisiones cruciales que tomar, reduciendo las decisiones menos importantes. Es fácil equivocarse al pensar que reducir decisiones es similar a recortar gastos, pero no podrías estar más alejado de la verdad. La verdad es que el tiempo, por muy corto que parezca, para tomar esas decisiones menos cruciales puede estresar tu cerebro antes de que siquiera plantees las más críticas, reduciendo la capacidad mental de tu cerebro en ese momento. Por lo tanto, es mejor que delegues esas pequeñas decisiones mientras ahorras esa energía mental para las decisiones cruciales. ¡Así que ahorra a tu cerebro el estrés!

Esto se refiere especialmente a esas pequeñas tareas diarias sobre las que necesitas decidir, pero que no son particularmente cruciales.

Es un hecho conocido que Steve Jobs repetía la misma ropa todos los días solo para no tener que ponderar sobre qué ropa ponerse diariamente. Solo para que Tim Ferris pueda evitar preguntarse qué comer cada mañana, tiene el mismo tipo de desayuno, aunque saludable, cada mañana. El presidente Obama también restringió sus respuestas en correos electrónicos a "de acuerdo", "en desacuerdo" o "discutir" para desinvolucrar su energía mental de estas pequeñas decisiones.

Por lo tanto, de ahora en adelante, al considerar las tareas a asignar, asegúrate de que el costo en energía mental esté bien evaluado. Por lo tanto, podemos decir con seguridad que menos sobrepensar se traduce en más crecimiento y desarrollo personal.

Reducir el peso de tu toma de decisiones siempre te recompensará, sin importar cómo decidas hacerlo. Puedes emplear a un asistente virtual para encargarse de todas tus tareas de gestión, o contratar a un freelancer para que se ocupe de una o dos cosas a medida que surjan las necesidades, sin embargo, la delegación compensa.

Pon una fecha límite en tus pensamientos. Limita tu número de decisiones diarias y establece plazos cortos para las decisiones.

Capítulo 9: Considera el Panorama General.

Sobrepensar solo magnifica cosas triviales tanto que causa pánico, y el mundo ya es lo suficientemente aterrador tal como es. Además, sobrepensar convierte un pequeño problema en un asunto innecesariamente grande.

Cada día, pasamos por una prueba u otra y con el tiempo, nuestras malas experiencias generan miedo. Miedo a la pérdida, o a la pérdida de objetos valiosos, miedo a la insatisfacción y al descontento en la vida, miedo a fracasar en una entrevista y perder un trabajo que ni siquiera has conseguido aún, o miedo a arruinar esa primera cita.

No te dejes limitar ni frenar por el miedo. No permitas que el miedo te impida alcanzar las alturas que deseas.

No todo saldrá como se planeó, pero no te desanimes porque los contratiempos suelen ser indicadores de grandeza aún por desplegar. Por lo tanto, al hacer tus planes, necesitas aprender a relajarte y confiar en el proceso. La relación entre la intención y el miedo es la tendencia a tener menos miedo cuando estamos más dispuestos a creer en nuestras intenciones y apartar toda negatividad para centrarnos en las posibilidades de obtener buenos resultados finales.

Es tan fácil pensar en exceso. Es tan fácil dejarte caer en ese modo sobre-analítico todos los días, pero necesitas aprender a pausar y observar la visión general.

Debemos darnos cuenta de que la mayoría de estas cosas que parecen un gran problema ahora probablemente no serán significativas en unos meses, o en unos años, o a veces incluso en unas semanas.

El momento en que te des cuenta de que lo que parece ser un gran problema es solo un pequeño punto en comparación con la vista general, entonces tal vez dejarás de magnificarse.

A continuación se presentan algunos consejos para aclarar las cosas y ayudarte a mirar más allá de tus miedos para ver la visión general:

- Pausa y medita. Inmediatamente cuando empieces a sentir que estás sobrepensando, solo haz una pausa por un momento para reflexionar sobre las cosas. Luego, hacerte preguntas sencillas pero importantes puede ayudar a poner las cosas en perspectiva. Pregúntate cuál es el problema, precisamente. Identificar el problema específico con el que estás teniendo dificultades puede ayudarte a hacer los ajustes correctos. Pregúntate cómo te hace sentir todo esto. Si te sientes inquieto al respecto, entonces lo más probable es que no obtendrás claridad. Ahora pregúntate sobre el porqué. ¿Por qué respondiste de la manera en que lo hiciste? ¿Fue adecuada tu reacción? Estarás de acuerdo conmigo en que tendemos a perder el control y alterarnos ante una situación volátil. Hacer una pausa para considerar estas cosas puede ayudar a aclarar los problemas.
- **Come to terms with the things you can do nothing about.** It is pointless and enraging to overthink things that you can't change and it can cause you to have a mixed up view of life. It can be hard but with the tips below, you can learn to just let go of things you can't control.

- Identifica tu parte y tarea. ¿Puedes hacer algo al respecto? ¿O está totalmente fuera de tu control?
- Sé optimista. Una de las pocas formas de manejar un caso sobre el que no tienes control es simplemente encontrar algo bueno al respecto y mantenerte optimista.
- **Progress.** Retrace your steps when you find that you are going around in a circle, getting the same outcome. Assess your actions to consider other options.

- Deja de compararte con otras personas. Comparar tu ocupación, apariencia, habilidades e ingenio con los de otros es totalmente innecesario. La vida influye y moldea a las personas de diferentes maneras y ninguna persona tiene la misma vida. Estas comparaciones solo establecen alturas inalcanzables para que tú las alcances. Nadie más ha vivido tu vida excepto tú y nunca podrás vivir la vida de otra persona. Nunca olvides que eres único.

- Aprende de experiencias pasadas. No importa con qué estés lidiando, reflexiona sobre eventos pasados en relación con el problema actual y observa cómo te preocupa menos. Así que, medita sobre las lecciones que se pueden aprender de estos eventos históricos y ve cómo pueden ayudar a resolver el problema presente.

- Concéntrate en las cosas que puedes cambiar. Es más difícil realizar cambios en un caso que consideras imposible. Por lo tanto, comienza tratando de cambiar las cosas más pequeñas bajo tu control para no sentirte totalmente inútil. Por ejemplo, cuando buscar empleo parece inútil, intenta identificar qué deberías hacer para comenzar o acelerar el proceso. Más temprano que tarde, encontrarás más trabajos para solicitar o simplemente llenar un formulario de solicitud para comenzar el proceso.

- Sé optimista sobre el futuro. Otra cosa que hace el sobrepensar es hacer que el futuro te parezca sombrío. Podrías sentir que no hay nada por lo que esperar. Necesitas aprender a separar los acontecimientos actuales del presente de lo desconocido en el futuro. Tu pesimismo en el presente no tiene por qué quitarte la esperanza del futuro, sin importar qué. En lugar de decir cosas como "nunca podré completar este trabajo", di "¿cómo puedo lograr este objetivo y completar mi trabajo?" Imagínate terminado con el proyecto y espera con ansias la satisfacción.

- Identifica tus sentimientos. Tu tendencia hacia el optimismo puede depender, lamentablemente, de cómo te ven los demás. Preocúpate por cómo te ves a ti mismo y quién eres para ti en lugar de preocuparte por la perspectiva de los demás sobre ti. Por ejemplo, sé más rápido en preguntarte qué te gusta de ti mismo en lugar de qué pueden o no pueden gustarles de ti.

- Nunca olvides que las cosas cambian. La vida es variable. Los tiempos y las temporadas cambian. Aquellos que son más felices y, a veces, viven más tiempo son los que han aprendido a adaptarse a esos cambios. Para una comprensión más clara, una forma en que puedes aprender a adaptarte es buscando viejas fotos y notando cuánto has crecido. Quizás puedas empezar de nuevo tomando fotos de ti mismo ahora como una medida contra el cambio que deseas. Mirar la foto "base" de vez en cuando puede inspirarte y ayudarte a trabajar en el presente.

- Visualiza tu entorno. Deberías sentirte reconfortado al saber que en este vasto mundo, probablemente, hay al menos 2 personas más que tienen un problema similar al tuyo. ¡No estás solo! Deja de intentar resolver cada problema, la verdad es que solo eres un ser, no puedes ganarlas todas por ti mismo.

- Establece objetivos prácticos. Definir metas alcanzables puede ayudar a mantener la claridad. Al establecer tus objetivos, evita las metas poco realistas, aquellas que son tan abrumadoras que parecen imposibles. Por ejemplo, puedes fijar un objetivo en el que pierdas unos pocos kilos al mes si tu meta a largo plazo es ser 100 kilos más delgado. En lugar de intentar perderlo todo en los primeros meses, divídelo en unidades.

Pon las cosas en una perspectiva más amplia. Pregúntate cuánto tiempo importará esto. ¿Importará en 5 años? ¿O incluso en 5 semanas? Imagina un final feliz.

Capítulo 10: Vive el momento.

La vida es como un tren en movimiento; no espera a que estés seguro sobre tu futuro antes de unirte al viaje, tampoco espera a que superes tu pasado. La vida está compuesta por el pasado, el presente y el futuro, pero se nos da un precioso regalo del presente cada día. El pasado está ahí solo para recordarnos dónde hemos estado y el futuro, para recordarnos a dónde vamos, pero el presente es la vida que ya estamos viviendo. Ahogarnos con nuestros pasados puede hacernos olvidar la vida que se supone que debemos vivir, haciendo que el tiempo pase desapercibido. La vida es preciosa, solo podemos vivirla en el presente, no en el pasado ni en el futuro tampoco.

No es extraño enfrentarse a desafíos, distracciones, heridas y otras cosas negativas de tal manera que preferimos escondernos en la sombra de nuestro pasado en lugar de enfrentar la realidad. Esto no va a ayudar a nadie de todos modos. La mayoría de las personas simplemente existen sin vivir, sus agendas son como marionetas sin realmente tener tiempo para disfrutar del presente. Lo hacen con caras sonrientes pero ojos infelices solo porque están estresados y obviamente necesitan un descanso, un descanso para irse de vacaciones, para sentarse sin hacer nada, para simplemente ser libres.

A pesar de nuestros apretados horarios, siempre debemos intentar vivir en el momento, esto también se conoce como atención plena. La atención plena es el estado de estar totalmente consciente del presente. Ser consciente es aceptar tus pensamientos tal como son sin preocuparte demasiado por ellos. Es estar consciente de que la vida debe ser vivida, no solo existir. Una persona consciente siempre vivirá no basada en sus pensamientos y esta es la persona que deberías ser.

¿Por qué es importante estar presente?

Vivir en el presente te ayuda a apreciar más la vida. Evita que permanezcas en el pasado o que pienses demasiado en el futuro. Vivir en el presente es una habilidad que debe adquirirse para ayudarte a llevar una vida más emocionante.

A continuación se presentan algunas de las cosas importantes sobre vivir en el momento.

- Menos preocupaciones y sobrepensar. Vivir en el momento o estar presente te mantiene completamente consciente del ahora. Te impide preocuparte y sobrepensar sobre el futuro y permanecer en el pasado.

- Puedes apreciar el mundo un poco más. Cuando vives en el momento, tiendes a apreciar el mundo que te rodea. No estarás preocupándote por el pasado ni temiendo por el futuro.

- Puedes descubrir qué podría estar molestándote fácilmente. A veces, puede que no sepas qué te está molestando, pero vivir en el momento o estar presente te ayudará a darte cuenta cuando no te encuentres bien, emocional, física y de otras maneras.

- Puedes empezar a sentirte más relajado. Estar en el presente te permite tener el control de tu vida y esto te ayudará a sentirte más relajado. Una vez que sientas que tienes el control, no te preocuparás demasiado por la vida.

Pasos Prácticos Para Vivir En El Presente.

Algunas personas viven sus vidas en el pasado, mientras que otras viven las suyas en el futuro. Sin embargo, el pasado se ha ido, el futuro aún no ha llegado, el único momento verdadero que tenemos es el presente. Así que siempre vive en el presente porque ahí es donde realmente podemos vivir.

1. Elimina las posesiones innecesarias. Deshacerse de algunos objetos que te recuerdan tu pasado puede ayudarte a seguir adelante y podrás vivir en el presente. Deshazte de cualquier cosa que te siga recordando el pasado.

2. Sonríe. Simplemente sonríe. No solo ilumina tu día, sino también el de los demás. Cada nuevo día es un regalo y siempre deberíamos recibirlo con una sonrisa. La vida puede estar llena de incertidumbres, pero puedes controlar lo que te sucede. Así que, mantén una mentalidad positiva hacia la vida.

3. Aprecia plenamente el momento de hoy. Cada día es una bendición, así que crea recuerdos, aprecia la naturaleza, nota cada detalle del día, no dejes que pase ningún momento desapercibido.

4. Perdona las heridas del pasado. Mantener el rencor no lastima a nadie más que a ti. Intenta perdonar a todos aquellos que te han hecho daño en el pasado. No tengas

ninguna razón para que el pasado te atormente, deja que todo el dolor se vaya perdonando.

5. Ama tu trabajo. No tienes que seguir haciendo lo que odias durante 5 días de 7 a la semana. Este es el máximo nivel de desperdicio de tiempo y debe ser detenido. Puedes dejar por completo el antiguo trabajo y buscar algo más que ames o puedes concentrarte en un área particular del antiguo trabajo que te encante y poder hacerlo con alegría.

6. Trabaja duro hoy, pero no dejes de soñar con el futuro. No permitas que soñar con el futuro supere el vivir el ahora. No vivas en un sueño y te olvides de tu realidad. Soñar con el futuro, tener metas y aspiraciones no es suficiente para brindarte un futuro dorado. Debes trabajar duro ahora para lograr estas metas.

7. Deja de obsesionarte con los logros pasados. Si te encuentras obsesionado o hablando demasiado sobre tus logros pasados, entonces es como resultado de pocos o ningún logro en el presente.

8. Reconoce y observa tus preocupaciones. No intentes pasar por alto tus preocupaciones, ni siquiera intentes controlarlas. Sin embargo, reconoce tus preocupaciones, considéralas desde el punto de vista de un extraño sin tener que responder a ellas.

9. Deja ir tus preocupaciones. Cuando no te aferres a tus preocupaciones, se desvanecerán tan rápido como llegaron. Aprende a soltar tus preocupaciones, no fijes tu mente en ellas.

10. Mantente enfocado en el presente. Nuestras emociones, pensamientos y sentimientos cambian constantemente. Así que asegúrate de moverte con el cambio; una vez que te des cuenta de que estás pensando en algo durante demasiado

tiempo, devuélvete al presente. Conscientemente, siempre intenta vivir en el momento presente.

11. Piensa más allá de las viejas soluciones a los problemas. Nuestro mundo está en constante cambio; las reglas están cambiando y también las soluciones a los problemas. No te acostumbres a las viejas formas de hacer las cosas, mantente abierto al cambio y acéptalo. El enfoque que utilices para resolver un problema hoy podría no funcionar para el mismo problema mañana. No dejes que ningún tiempo o momento pase desapercibido. Esto te permitirá vivir siempre en el presente.

Pasa más tiempo en el momento presente. Disminuye la velocidad. Dite a ti mismo: Ahora soy... Interrumpe y reconéctate.

Capítulo 11: Meditar

Sobrepensar no aclarará tu mente, tampoco te ayudará a encontrar una solución práctica. En cambio, resulta en un pensamiento resentido, redundante y obsesivo. Es probable que el proceso de pensamiento lógico se vea oscurecido por una mente sobrepensante. Eres consciente de que es imposible cambiar el pasado y que nadie conoce el futuro. Aún así, la mente está atrapada en una red de pensamientos. No olvides que hay una delgada línea entre entender tus errores del pasado y estar obsesionado con ellos.

Observar a un niño puede ayudarte a descubrir que en la mente de un niño, solo existe el 'hoy'. No hay pensamientos sobre el futuro o el pasado, simplemente disfrutan lo que está sucediendo en este momento. Una vez fuimos niños. Y tenemos la capacidad de vivir en el presente y evitar el estrés de pensar en exceso. ¿Cómo? Puede que quieras preguntar. No solo la meditación te ayuda a dejar de pensar en exceso, sino que también te lleva de regreso a los tiempos en que todo era simple.

La meditación es una excelente manera de prevenir completamente el exceso de pensamiento. Toma asiento en un lugar sereno, concéntrate en tu respiración y considera despejar cada pensamiento de tu mente. Cuando un pensamiento surja en tu mente, obsérvalo sin ninguna implicación emocional, sé consciente del pensamiento pero no permitas que te afecte.

4 Maneras en que la meditación ayuda a detener el exceso de pensamiento

Re-orienta tus objetivos. Tu mente puede verse sobrecargada con ideas y pensamientos redundantes cuando piensas en exceso. Puedes sentirte estresado por arrepentimientos, sospechas, dudas, realidades retorcidas y alusiones. Todo esto no te ayudará a vivir feliz o tranquilamente. Te das cuenta de que tus pensamientos están distorsionados y no son constructivos. Si estás preparado para saber más, podrás unirlo todo para llevar a cabo las grandes búsquedas de la vida.

Lucha contra los pensamientos negativos. La mayoría de las veces, trasladamos la culpa de todos los problemas en nuestra vida. Al menos, enfrentar los problemas es más simple cuando hay otra persona a la que culpar. La meditación te ayuda a combatir hábitos poco saludables, como el desplazamiento de culpa y la búsqueda de faltas. Prueba la meditación consciente. Es muy efectiva para evitar que te sobrepienses. En este espacio de conciencia, podrás buscar verdades reales y deshacerte de pensamientos tóxicos. Así, te ayudará a concentrarte en acciones y pensamientos positivos.

Despeja tu mente. Pensar en exceso es una señal clave de que algo te está consumiendo. Llega a la raíz de tu aprehensión y soluciona el problema de forma directa. Uno de los efectos beneficiosos de la meditación es que despeja tu mente. Puedes estratégicamente planificar, organizar y hacer un análisis efectivo en tu mente. Tan pronto como entiendas el problema, puedes empezar a pensar en cómo enfrentarlo. Esto ayuda a prevenir pensamientos errantes, que pueden ser innecesarios y tóxicos.

Te desvincula del apego. Pensar en exceso es una expresión de todo lo que te ata: tus pensamientos, palabras, ideas y acciones. Hay demasiado apego entre nosotros y otras personas, o entre nosotros y las relaciones, esto difumina nuestro pensamiento y juicio, haciéndonos sobreanalíticos y excesivamente críticos.

Sin embargo, esto es lo que necesitas saber sobre la meditación: no hay una sola forma de hacerlo, no hay una manera incorrecta o correcta. En las primeras etapas, meditar se siente raro. Ciertamente. Tu cabeza te proporcionará una larga lista de por qué es una pérdida de tiempo. ¿Cuál es el punto de estar sentado allí sin pensar en nada? Te retorcerás y darás vueltas. Te enojarás. Persevera a través de todo. Se vuelve más fácil.

Cómo meditar en 9 pasos sencillos

1. Dedica de 5 a 30 minutos cada día. Como principiante, comienza con cinco minutos. Para muchas personas, cinco minutos es lo ideal, y de hecho, cinco minutos de meditación pueden tener efectos positivos. En cuanto a la frecuencia, se cree que la meditación debería ser un objetivo diario, como cepillarse los dientes.

2. Deshazte de las distracciones. Selecciona un periodo del día en el que tengas una cantidad mínima de distracciones. Quizás, durante las primeras horas del día.

3. Relájate y ponte cómodo. Antes de meditar, a algunas personas les gusta estirarse porque ayuda a relajar y aflojar los músculos. Estar sentado en calma puede ser difícil para un principiante; sin embargo, estirarse y relajarse te da una ventaja.

4. Selecciona tu posición. No importa si estás sentado o acostado, tu posición es una decisión personal. Para algunas personas, acostarse es cómodo, para otras, estar sentado lo es. La clave aquí es estar cómodo, es decir, no encorvarse y mantener la columna recta. Si estás sentado, relájate y coloca tus manos sobre tu regazo. Siéntate con las piernas cruzadas en el suelo, apoyado en un cojín, o en una silla y coloca tus piernas en el suelo. No es obligatorio contorsionar tu cuerpo en una posición de loto si te resulta incómodo.

5. Concéntrate en tus pensamientos. Prepárate para el divague de tu mente. El secreto de la meditación es enfocar tu mente en lo que está sucediendo en el presente y no en lo que ha sucedido, o en lo que sucederá en una hora. Ahora, tienes que estar quieto, relajado y simplemente sanar. Tan pronto como hayas seleccionado el período ideal y estés relajado y cómodo, estarás preparado para concentrar tu mente en tu respiración. Es una decisión personal si deseas meditar con los ojos cerrados o abiertos. A veces, la música relajante puede ayudarte a meditar de manera efectiva. Si disfrutas meditar mientras escuchas música, eso es aceptable. Hay una variedad de música para escuchar.

6. Toma respiraciones lentas y profundas. Cierra suavemente los ojos. Comienza respirando lenta y profundamente: inhala por la nariz y exhala por la boca. Evita respirar con fuerza. Permite que venga de forma natural. Las primeras inspiraciones pueden ser superficiales, pero a medida que dejas que tus pulmones se llenen de aire cada vez, tus respiraciones progresivamente se volverán más completas y profundas. Puedes tomarte todo el tiempo que necesites para respirar profundamente y lentamente. Después de un tiempo, las respiraciones profundas comienzan a hacerte sentir más relajado y en paz.

7. Cuando tu mente divague, regrésala suavemente a tu

respiración. Es de esperar que tu mente divague. Intenta suavemente enfocarla de nuevo en el presente, es decir, en tu respiración. Tus pensamientos pueden desviarse cada cinco segundos. Esto está perfectamente bien. Una vez que comiences a practicar la meditación con frecuencia, habrá una reducción en el divagar de tu mente y tu cuerpo y mente se relajarán de verdad. Sentarse en silencio y concentrarse en tu respiración es difícil, pero haz ese sutil esfuerzo deliberado para enfocar tu mente en el presente. Este es el concepto de la meditación: enfocar tu conciencia en lo que está sucediendo en este momento. Además, si piensas que podrías quedarte dormido, cambia de posición.

8. Terminando tu meditación. Tan pronto como estés preparado para finalizar tu meditación, abre los ojos y levántate suavemente. Buen trabajo. ¡Lo has logrado!

9. La práctica constante te hace perfecto. No es una competencia. Es posible que solo puedas meditar durante tres minutos en este momento. Con el tiempo, este tiempo aumentará, y así, todos los efectos beneficiosos de la meditación también aumentarán. Hay una diferencia significativa con el tiempo. Comenzarás a experimentar una sensación de felicidad, paz y calma. Continúa con ello, puede ser desalentador al principio, pero está bien. Soy una madre trabajadora multitarea y ocupada, así que ha sido muy beneficioso para mí. Más beneficioso de lo que imaginaba.

Puedes deshacerte totalmente del mal hábito de sobrepensar meditando durante 10 minutos cada día.

Capítulo 12: Crea una lista de tareas.

Aunque tu mente puede ser tu arma más poderosa; sin embargo, si se descuida, tu mente también puede evitar que alcances tus metas. Tu mente tiende a exagerar la verdadera naturaleza de las cosas, haciéndolas más grandes de lo que realmente son.

Por ejemplo, si tienes que terminar un par de tareas en un día, tu mente podría hacer que parezca una hazaña imposible completarlo en un día.

Surge con múltiples razones por las cuales la finalización de la tarea será imposible. El secreto para evitar este tipo de pensamiento excesivo es crear una lista de tareas.

Por ejemplo, si tienes que crear una presentación, completar un informe, recoger a tu hermana en el aeropuerto o tienes una reunión con un cliente, tu mente podría hacer que parezca inimaginable completar todo esto en un día.

Hacer una lista de tareas te ayuda a asignar una duración definida para cada actividad, lo que facilita completarlas.

Aquí hay algunas maneras de dividir estas actividades en una lista práctica, luego cancelar cada actividad una vez que esté completa.

La forma adecuada de crear y completar una lista de tareas

- Selecciona un método. Hay varias variedades de una lista de tareas, por lo que esto depende de lo que sea efectivo para una persona en particular. Algunos estudios sugieren que escribir la información a mano ayuda a recordarla de manera efectiva; sin embargo, si la última vez que usaste un bolígrafo fue en 1995, no te preocupes; hacer una lista de tareas personal también es posible con la amplia gama de aplicaciones digitales disponibles.

- Haz varias notas. Haz algunas listas de tareas que deben completarse. Debería haber una copia maestra que contenga cada tarea que deseas completar a largo plazo. Por ejemplo, comenzar una clase de idioma, limpiar el armario, y así sucesivamente. También puedes crear una lista de proyectos semanales que tenga todas las tareas que deben completarse dentro de una semana. Luego, se debe crear una tercera lista de HIT, es decir, la lista de Tareas de Alto Impacto; esta tiene una lista de todas las cosas que deben hacerse hoy - por ejemplo, completar esa presentación de trabajo, llamar al Tío Tom por su aniversario, recoger la ropa. Cada día, las tareas de la lista general y de la lista de tareas semanales se moverán a la lista de HIT, según sea apropiado.

- Mantenlo simple. Nada es más aterrador que una larga lista de cosas por hacer. En realidad, es impráctico completar tal cantidad de tareas en 24 horas. Un consejo para simplificar la lista HIT es crear una lista de las tareas que deben completarse hoy y dividirla en dos. El número de tareas en la lista debería ser de aproximadamente 10, las otras tareas pueden trasladarse al borrador maestro o a la lista de tareas semanales.

- Comienza con las tareas simples. Antes de tus MIT, incluye algunas tareas básicas en la lista: "Ducharse, Lavar los platos del desayuno y doblar la ropa" son excelentes ejemplos. Completar y tachar tareas tontas puede ayudarte a comenzar tu día con una sensación de positividad.

- Completa tus MIT. MIT significa "tareas más importantes". La parte superior de tu lista debe comenzar con un mínimo de dos elementos que deben completarse urgentemente hoy, esto es para asegurar que completes tu informe de proyecto que debe ser entregado mañana, en lugar de aspirar. Aunque las otras tareas en la lista podrían no hacerse, las tareas muy significativas serán completadas.

- Divídelo en tareas más pequeñas. Tareas como "trabajar en el proyecto de tesis" parecen demasiado imprecisas y estresantes, esto implica que podríamos estar demasiado abrumados para comenzar realmente. Una gran manera de disminuir el miedo y hacer que el objetivo parezca más realista es dividir las tareas en proyectos más pequeños. En lugar de decir "trabajar en la tesis", sé más específico, di algo como "completar la primera mitad del capítulo dos" el domingo y "escribir la segunda mitad del capítulo dos" el lunes.

- Sé específico. Las cualidades comunes de todas tus listas de tareas deberían ser: deben ser una tarea que solo pueda ser completada por el creador de la lista de tareas, son tareas físicas, pueden completarse en una sola sesión. Para tareas generales que requieren mucho tiempo o asistencia de otras personas, haz una lista de los pasos específicos que pueden ayudarte a lograr tu objetivo. En lugar de "rescatar a los animales", prueba con "crear una carta de presentación para una pasantía en el Fondo Mundial para la Naturaleza."

- Inclúyelo todo. Para todas las cosas que deben hacerse en la lista, sé lo más expresivo posible, escribe todo lo relacionado con ello para que no haya excusas si el trabajo no se completa. Por ejemplo, si la tarea tiene que ver con llamar a un amigo, escribe el número de esa persona en la lista para que no tengas que empezar a buscarlo más tarde.

- Ponle un límite de tiempo. Dado que has creado la lista y la has revisado dos veces, ahora establece un límite de tiempo junto a cada tarea. Convertir la lista de tareas en una lista de citas podría ser útil. Por ejemplo, limpiar la bandeja de entrada de 7 a 8 p.m. en Dominos en la Quinta Avenida, lavandería de 8 a 9 p.m. en Clean Aces. Una vez que ha pasado el tiempo establecido, ha pasado; dedicar siete horas a recoger la lavandería no es necesario.

- Evita estresarte. La mayoría de las listas maestras tienen una o dos cosas que hemos tenido la intención de completar durante días, semanas o probablemente años, pero no hemos logrado hacerlas. Intenta encontrar las razones de esto para que puedas comprender los pasos necesarios para la finalización real de las tareas. ¿Evitar la llamada a la tía Jessie debido a las largas horas que se podrían pasar en el teléfono? Sustituye "Llamar a la tía Jessie" por "encontrar una forma de terminar la llamada a la tía Jessie". Esto reducirá la magnitud de la tarea, haciéndola más fácil de lograr.

- Compártelo con otras personas. A veces, la mejor manera de mantenernos obligados a hacer algo es tener a alguien que nos supervise. Puedes hacer pública tu lista de tareas, colocándola en el refrigerador o creando un calendario digital que pueda ser visto por tu colega.

- Fija un tiempo para programar. Sentarse a crear una lista de tareas puede ser uno de los aspectos más difíciles de hacer la lista. Selecciona un tiempo diario, tal vez por la mañana antes de que todos se levanten, o a la hora del almuerzo, o incluso antes de irte a dormir, cuando te resulte fácil organizar todo lo que necesita hacerse y averiguar qué aún está pendiente.

- Entra con lo viejo. Recordarte sobre la productividad del día anterior es una excelente manera de mejorar la productividad. Esto lleva una lista documentada de todas las cosas que has logrado el día anterior, incluyendo las tareas tontas.

- Haz una nueva lista. Crea una lista nueva a diario, de modo que las tareas antiguas no sobrepoblen la lista. Además, es una forma beneficiosa de asegurarnos de que realmente logramos una tarea cada 24 horas y no perdemos tiempo embelleciendo la lista con marcadores de colores.

- Sé flexible. Consejo útil: Asegúrate de reservar 15 minutos de "tiempo de compensación" entre tareas en el calendario o la lista de tareas en caso de una emergencia no planificada; por ejemplo, si tu computadora se apaga o si hay un cortocircuito. Y si no ocurre ningún evento desafortunado, lo más importante es recordar detenerse y respirar. Si ya has completado al menos un MIT, lograrás el resto.

Proporciona un detalle exhaustivo de tus proyectos y divídelos en secciones. Establece una pseudo-fecha límite y verifica si pueden completarse en la mitad del tiempo establecido. Luego, eventualmente, fija un tiempo para todo.

Capítulo 13: Abraza la Positividad.

Lo triste de la vida es que está llena de eventos negativos. Estos eventos a menudo son difundidos por todo el mundo a través de las noticias, las plataformas sociales y similares. Tan patético como esto es, nadie puede controlar o prevenir que estas cosas ocurran. Así que permitir que estos eventos negativos nos agobien no sirve de nada porque no podemos resolver los problemas. Sin embargo, la mentalidad de la mayoría de las personas se ha visto afectada negativamente por los desafortunados sucesos a su alrededor. Terminan pensando en exceso sobre todo, sin importar cuán insignificante pueda parecer.

No tienes control sobre lo que sucede a tu alrededor, pero tienes control sobre cómo reaccionas ante ello o cómo te sientes al respecto. La mayoría de las personas permiten que su mentalidad se incline hacia el lado negativo debido a lo que ven o escuchan todos los días. Cuando surgen situaciones, tenemos dos opciones: ver los aspectos negativos de las situaciones o ver los aspectos positivos a su alrededor. Lamentablemente, la mayoría de las personas se rinden a lo primero. Nos encontramos en control de nuestros sentimientos, así que puedes alimentarlos con pensamientos positivos o negativos.

Toma una decisión consciente de ser optimista sobre la vida. Abraza la positividad. Deshazte de cualquier cosa que te haga infeliz y amenace tu tranquilidad. Pensar en exceso trae dudas y, como resultado, conduce a mentalidades negativas. Por lo tanto, deja de pensar en exceso y ten confianza en que puedes superar cualquier tormenta que se presente en tu camino.

Conscientemente trata de proteger tu paz mental. No puedes hacer esto si no te amas lo suficiente, si piensas que no mereces la felicidad. Una cosa es segura, todos merecemos amor, todos tenemos derecho a ser felices y, por mucho que valga, tu felicidad es tu responsabilidad. Crea felicidad donde está ausente, siempre date una razón para ser feliz porque lo mereces.

Alimenta tu mentalidad continuamente con pensamientos positivos. A pesar de los desafíos que puedas enfrentar - los diversos sentimientos desde el dolor hasta el miedo, la ira, el desánimo y otros - nunca dejes de pensar en positivo.

A continuación se presentan algunos consejos para ayudarte a abrazar la positividad;

- Empieza con una buena nota. Despierta cada día sintiéndote agradecido. Agradece por todo, piensa en las cosas buenas que te sucedieron el día anterior, incluso puedes anotarlas. Al hacer esto, te das una buena razón para tener confianza, para esperar y para ser feliz. Esta energía positiva al comienzo de un nuevo día es suficiente para mantenerte en marcha durante todo el día. Además de las reflexiones diarias, también puedes intentarlo semanal o mensualmente, esto te ayudará a mantener una mentalidad positiva.

- Nota a las personas con las que pasas más tiempo. La negatividad es contagiosa, así que observa a las personas con las que pasas la mayor parte de tu tiempo. Si siempre ven lo peor en todo, entonces deberías reconsiderar pasar tiempo con ellos. Esto no es porque los odies o los estés juzgando, simplemente estás protegiendo tu mente.

- Habla palabras positivas. Así como nuestras acciones son importantes, nuestras palabras también lo son. De hecho, las palabras que decimos, con el tiempo, se convierten en nuestras acciones y se transforman en nuestra realidad. Observa las cosas que dices; las palabras negativas generarán energía negativa y, eventualmente, resultarán en cosas negativas. Nuestra mente subconsciente nos escucha, presta atención a lo que decimos y hacemos. Después de un tiempo, comienza a responder a las palabras que ha escuchado, negativas o positivas. Por lo tanto, siempre haz afirmaciones positivas.

- Despierta tu memoria. Mencionamos anteriormente vivir en el presente y dejar ir el pasado, pero hay algunos recuerdos del pasado que no debemos olvidar, como los recuerdos de una infancia feliz, un recuerdo feliz de la playa y otros momentos felices. Estos recuerdos nos dan la fuerza para vivir en el presente. Por lo tanto, crea recuerdos felices siempre que se te presente la oportunidad.

- Comienza a cultivar la esperanza de pequeñas maneras. Crea esperanza incluso en las formas más pequeñas. Puede ser al ver una sonrisa en el rostro de un extraño, al planear alcanzar un objetivo, o al reflexionar sobre las cosas buenas que te han sucedido.

- Cambia tu enfoque. Deja de intentar controlar todo. Relájate un poco, cambia tu atención de las cosas que no están funcionando y concéntrate en las que sí.

- Desactiva los pensamientos negativos. Cuando notes que comienzas a tener pensamientos negativos, no los alimentes, sino cámbialos. Cuando ocurre un evento negativo, puede ser un problema con los padres o hermanos o incluso un problema de peso; no pienses demasiado en ello. Previene conscientemente que tus pensamientos divaguen hacia eventos negativos; enfócate más en los positivos.

- Vuelve a lo básico. No es demasiado tarde para cambiar tu mentalidad; esta llegó como resultado del pensamiento. Así que, comienza a tener pensamientos positivos.

- Sé curioso. No asumas que lo sabes todo. Piensa en los posibles resultados de los eventos.

- Piensa en un momento en que lograste algo y lo que hiciste. Nunca olvides tus logros, la técnica que utilizaste y cómo la aplicaste. Es posible que necesites usar el mismo procedimiento para lograr algo mayor.

- Mantén el diálogo corporal. No te enfoques tanto en la mente que te olvides del cuerpo. Cuando nuestros cuerpos están sanos, nuestras mentes también estarán sanas. El estado de nuestros cuerpos afectará nuestras mentes, el cuerpo físico controla las actividades de la mente hasta cierto punto. Todos necesitamos un nivel de motivación cada día y sin el ejercicio adecuado del cuerpo, puede que no seamos capaces de obtener la energía positiva que necesitamos. Cuando somos físicamente saludables, podremos tener una mentalidad positiva hacia la vida.

- Comienza un diario de evidencia con pruebas de que la vida está saliendo bien para ti. Registra todas las cosas buenas que la vida te ha ofrecido, en lugar de las cosas que no te ha ofrecido o de las cosas negativas que te ha ofrecido.

- Piensa en alguien cuya vida parece estar yendo bien. ¿Tienes a alguien a quien desees parecerte? ¿O admiras la vida de alguna persona? Entonces haz de ellos tu modelo a seguir, informa sobre lo que hacen y cómo lo hacen para tener éxito.

- Errar es humano. En un intento por abrazar la positividad, no seas demasiado duro contigo mismo. Mantener una mentalidad positiva puede ser difícil. Somos humanos y es probable que cometamos errores, que tengamos dudas y sentimientos negativos, pero cuando lleguen, contrólalos. No dejes que te consuman, recuerda que los sentimientos y pensamientos no duran mucho, pasarán solo si no los alimentas.

Cambia tu mentalidad y pasa más tiempo con personas positivas que no sobrepiensan las cosas.

Capítulo 14: Usando Afirmaciones para Aprovechar el Pensamiento Positivo.

La mayoría de las personas que piensan negativamente son aquellas que a menudo sobrer razon. Si te dejas llevar, pronto, todo sobre ti se vuelve negativo y pesimista; tu autoestima, tu perspectiva y tus emociones.

Lo curioso de la negatividad es cómo parece que casi siempre se cumple. Estos pensamientos negativos deprimen tu espíritu, tus relaciones con las personas que te rodean y tu personalidad. De alguna manera, te has convencido de que nunca serás adecuado y está comenzando a gobernar tu vida.

Sé intencional, en cambio, sobre ser todo lo que no es negativo; sé optimista y esperanzado. Piensa y habla palabras buenas para ti mismo y descubrirás que es muy potente y beneficioso.

En última instancia, haz esfuerzos para controlar tus hábitos de sobrepensar al pensar deliberadamente de manera más positiva sobre la vida.

¿Qué son las afirmaciones y funcionan?

Una afirmación es una aseveración, una declaración optimista que realmente ayuda a inhibir la negatividad y el autodesprecio. Cuanto más declares estas palabras, más en realidad las crees, y, posteriormente, más positividad puedes exudar.

Reiterar constantemente estas palabras puede ayudar tanto a nuestro estado mental que reforma nuestras cadenas de pensamiento para hacernos empezar a pensar y comportarnos de manera positiva.

Por ejemplo, hay pruebas de que las afirmaciones ayudan positivamente en su rendimiento laboral. Cuando se siente un poco nervioso ante la anticipación de una reunión importante, puede tomarse un tiempo para concentrarse en todos sus grandes atributos y esto ayudará a calmar sus nervios, mejorar su autoestima, evitar que esté hecho un manojo de nervios y aumentar las posibilidades de que sea productivo.

La autoafirmación también puede mejorar los terribles efectos de la ansiedad y el estrés.

Aún mejor, las afirmaciones han sido una terapia mental para personas que sufren de depresión, baja autoestima y una plétora de otros trastornos mentales. También se ha demostrado que las afirmaciones estimulan ciertos aspectos de nuestro cerebro que desencadenan la alta posibilidad de estar más conscientes y dirigidos hacia la positividad en lo que respecta a nuestra salud. Cuando tienes un alto aprecio por ti mismo, te preocupas más por mejorar tu salud en general. Por lo tanto, si piensas que comes demasiado, por ejemplo, y necesitas comenzar a hacer ejercicio, entonces las afirmaciones pueden utilizarse para ayudarte a recordar tu valor y, así, animarte a hacer algunos cambios en tu estilo de vida.

Cómo usar afirmaciones positivas

Las afirmaciones no tienen restricciones, puedes usarlas siempre que desees hacer alteraciones positivas en tu vida. Puedes usarlas cuando quieras:

- Mejora tu autoestima antes de reuniones y presentaciones cruciales.
- Controla tus emociones, poniendo rienda a cualquier sentimiento pesimista como la ira, la decepción y la irritabilidad fácil.
- Reforza tu autoconfianza.
- Finaliza con éxito los proyectos que comenzaste.
- Mejora tu eficiencia
- Supera los malos hábitos.

Las afirmaciones funcionan mejor con metas establecidas y pensamientos más optimistas.

La visualización complementa las afirmaciones de manera perfecta. Así que, no solo visualices ese gran cambio, háblalo contigo mismo, escríbelo hasta que lo creas. Afirmate positivamente.

Las afirmaciones también son muy valiosas cuando estás determinando nuevos objetivos y metas. En el momento en que especificas exactamente lo que deseas alcanzar, la autoafirmación y los comentarios afirmativos pueden ayudar a impulsarte constantemente hacia el éxito.

Decirle a usted mismo esas afirmaciones positivas una y otra vez es realmente la clave para la potencia. Pégalo en la pared, o configúralo como una alarma, pero asegúrate de reiterar esas palabras a ti mismo tan a menudo como sea posible cada día. Aún más importante es la necesidad de reiterar esas palabras cuando te encuentres pensando de más nuevamente, o haciendo esos hábitos que has estado tratando de romper.

Cómo escribir una declaración de afirmación

Tu declaración de afirmación debe estar dirigida a un aspecto o hábito particular que estás tratando de romper. Puedes personalizar tu declaración de afirmación según tus necesidades utilizando los consejos a continuación.

- Considera ese hábito del que estás tratando de deshacerte. El comportamiento en el que quieres mejorar. Puede ser tu mal carácter o tu fácil irritabilidad o tus deficientes habilidades de comunicación o tu productividad casi nula en el trabajo.
- A continuación, anota aquellos aspectos de tu vida a los que te gustaría hacer modificaciones y asegúrate de que se alineen con tus valores

fundamentales y con todo lo demás que sea vital para ti. Si no alineas estos cambios con tus valores, puede que no te sientas realmente inspirado a alcanzar esos objetivos.

- No trates de hacer afirmaciones imposibles e inviable, sé realista y práctico al respecto. Por ejemplo, si no estás satisfecho con el salario que recibes cada mes, puedes comenzar a reiterar afirmaciones a ti mismo para aumentar tu confianza lo suficiente como para solicitar un aumento.

- No obstante, es mejor no convencerse de que definitivamente recibirás un aumento que duplique tu salario anterior, porque en general está fuera de cuestión que los empleadores dupliquen tu salario así como así. ¡Sé pragmático y razonable! No es que las afirmaciones sean encantamientos. Lo que necesitas es creencia; si no, esas palabras pueden tener poco o ningún poder en tu vida.

- Cambia la negatividad y abraza la positividad. Si eres aficionado al auto-desánimo y al daño personal en general, aprende a observar los pensamientos o ideas particulares que atormentan tu mente. Luego crea una afirmación que contradiga completamente esa línea de pensamiento.

- Imaginemos que a menudo te dices a ti mismo que no eres lo suficientemente hábil ni talentoso para avanzar en tu carrera, puedes cambiar esto por completo escribiendo una afirmación como: "Soy lo suficientemente bueno y soy un experto dotado en lo que hago."

- Sé particular sobre escribir en tiempo presente como una muestra de creencia de que lo que estás diciendo ya está ocurriendo. Es la única forma de que realmente creas y veas que realmente sucede. Por ejemplo, un buen ejemplo de una afirmación efectiva es: "Estoy listo para esta presentación, estoy bien informado sobre este tema porque me he preparado bien para ello y va a ser una presentación maravillosa." Dilo a ti mismo cuando empieces a sentir los nervios y la ansiedad por hablar en público.

- Dilo como si lo significaras. Incorporar emociones en tu afirmación realmente puede ayudarte a hacer que las palabras sean más productivas. Si realmente lo deseas, actúa como si lo hicieras, diciéndolo con voluntad. Dilo como si tuviera sentido para ti y significara algo para ti. Por ejemplo, si estás teniendo problemas para calmar tus nervios con respecto a un nuevo proyecto que te dieron, entonces intenta decirte algo como: "Estoy deseando este nuevo desafío. No puedo esperar para enfrentarlo".

Ejemplos de Afirmaciones

Por supuesto, tu afirmación es exclusiva para ti, así que déjala especificar exactamente lo que pretendes alcanzar y todas las alteraciones que buscas realizar. Sin embargo, a continuación se presentan algunos ejemplos que pueden ayudarte a empezar:

- Mis innovaciones para este nuevo desafío son innumerables.
- Mi jefe y todos mis colegas apreciarán mi trabajo cuando lo termine.
- ¡Tengo la capacidad para lograrlo!
- Mi opinión es invaluable para mi equipo.
- Soy triunfante y victorioso.
- La sinceridad es mi lema.
- Soy consciente del tiempo en cada tarea.
- Aprecio este trabajo y no lo doy por sentado.
- Me encanta lograr un buen trabajo con mi equipo.
- Soy excepcional en todo lo que intento.
- Soy magnánimo.
- Estoy realizado.
- Estableceré el ritmo en esta empresa.

Las afirmaciones son aserciones de positividad que ayudan a vencer la autodestrucción y la negatividad en general.

Capítulo 15: Conviértete en una persona orientada a la acción.

No puedes simplemente decidir dejar de sobrepensar, sino que debes tomar medidas deliberadas para ver que estás libre del hábito. No pienses demasiado en hacer la elección correcta; a menudo aprendemos de nuestros errores. De hecho, las mejores lecciones son las que se aprenden de un error.

Siempre esté listo para actuar, sin importar cuán inciertas puedan parecer las cosas. Pensar demasiado genera dudas y estas dudas nos restringen a la hora de actuar donde deberíamos. Nunca se puede ser demasiado seguro en la vida. Nuestras vidas serían mucho mejores si pudiéramos hacer la mayoría de las cosas que hemos tenido en mente hacer.

Sin embargo, cuando hablo de tomar acción, me refiero a una acción dirigida. Antes de tomar cualquier acción, primero debes considerarla en función de la situación actual, la acción debe tomarse sabiamente y no basada en emociones.

Consejos para Actuar en la Superación del Pensamiento Excessivo

1. Reconoce el resultado de la indecisión. La forma más efectiva de deshacerse del sobrepensar es identificar las consecuencias de la indecisión. En cada situación, compara la consecuencia de tomar una decisión con la consecuencia de no tomar una. Si el resultado de esta última es más favorable, entonces simplemente debes seguir adelante.

2. Lanza una moneda. Cuando parece que no puedes dejar de pensar en un problema, puede ser tu instinto tratando de advertirte que la situación está fuera de tu control o que no es necesario sobrepensar el asunto. Todo lo que necesitas hacer en casos como este es abrir el siguiente capítulo y seguir adelante.

3. Escribe 750 palabras. Escribir es una forma que puedes emplear para despejar tu mente. Te ayuda a ver con claridad cuáles son los problemas y a idear maneras de resolverlos.

4. Decide dos veces. Siempre prueba la fortaleza de tus decisiones tratando de decidir sobre ese problema dos veces antes de actuar. Después de tomar una decisión sobre un tema, escríbela y después de 24 horas, reflexiona sobre ese mismo tema pero esta vez en un lugar diferente. Luego responde las

mismas preguntas que te hiciste y toma una nueva decisión. Ahora, observa si corresponde a la primera decisión.

5. Confía en tu primer instinto. Como se dijo anteriormente, pensar en exceso trae duda. Nos restringe a tomar decisiones rápidamente, nos hace perder fe o confianza en nosotros mismos. Por lo tanto, siempre aprende a confiar en tu primer instinto.

6. Limita las decisiones que tomes. No tienes que decidir sobre todo. Aprende a seguir estándares. Esto limitará el número de decisiones que tendrás que tomar en un día y aumentará aún más tu capacidad para tomar mejores decisiones en asuntos más serios.

7. Siempre puedes cambiar de opinión. ¿Qué nos dio la impresión de que las decisiones deben ser muy rígidas, dominantes y severas? Las decisiones pueden cambiarse, uno puede tener un cambio de corazón en cualquier momento, esto es lo que necesitas saber. Puedes decidir ahora comprar una nueva propiedad y decidir más tarde no hacerlo, todo es tu elección y no le debes explicación a nadie. Tus amigos están ahí solo para influir en tu decisión y no para tomarla por ti. Solo pueden intentar convencerte de algo, pero al final del día, es tu elección. Los buenos amigos siempre aceptarán tus decisiones y te apoyarán en todo momento. Sin embargo, al tomar decisiones, elige actividades emocionantes, cosas que te hagan feliz. Recuerda que tu felicidad es tu responsabilidad.

Hay algo conocido como parálisis por análisis. Esta es una condición causada por pensar en exceso. Es una situación en la que no se toma ninguna decisión sobre un asunto porque ha sido sobreanalizado.

No pienses demasiado en los problemas, solo los prolongará, más bien, sé un hombre de acción.

Capítulo 16: Superando tu miedo.

Dejar que los sentimientos nos sobrepasen y nos lleven a sobrepensar es parte de la naturaleza humana. ¿Quién se meterá de lleno en una situación que probablemente será dolorosa? Solo que al evadir constantemente el "fantasma" que llevamos dentro, serás un cautivo del monstruo.

Un sentimiento muy fuerte es el miedo. Tiene un impacto poderoso en la mente y en tu apariencia física. Puede establecer reacciones poderosas cuando estamos en situaciones alarmantes, por ejemplo, cuando hay un incendio o somos asaltados.

Por lo general, esto incluye un intento de combatir cualquier posible estresor que pueda llevar a la angustia y a la participación en interrupciones ilimitadas. Pero, estás combatiendo situaciones posibles que te traerán desarrollo y felicidad. Además, tienes la oportunidad de luchar contra el miedo para siempre. El miedo atacará sin importar cuán duro intentes prevenirlo. Y probablemente atacará en un momento en que más necesites una compostura emocional.

Además, puede atacar cuando te enfrentas a situaciones que no amenazan la vida, como citas, exámenes, un nuevo empleo, una fiesta o al enfrentarte a una multitud. El miedo es la respuesta habitual a una advertencia que puede ser percibida o evidente.

Estas son algunas recomendaciones para combatir el pensamiento excesivo si lo estás experimentando:

- Permítete sentarte con tu miedo durante 2-3 minutos a la vez. Inhala y exhales con el miedo y manifiesta que, "Está bien, se ve muy mal pero los sentimientos son similares al mar: las mareas suben y bajan." Asegúrate de tener una actividad reconfortante planeada para tu sesión posterior a la meditación: contacta a ese confidente que quiere saber cómo fue; sumérgete en una actividad que encuentres placentera e intrigante.

- Escribe las cosas por las que estás agradecido. Revisa lo que has redactado cuando te sientas de mal humor. Haz la lista más larga.

- Recuerda que tu ansiedad es un almacén de sabiduría. Redacta una nota, "Querida ansiedad, ya no te tengo miedo, ¿qué puedo aprender de ti?"

- Usa el humor para desinflar tus peores miedos. Por ejemplo, ¿cuáles son las peores escenas divertidas que pueden ocurrir si aceptas una invitación para hablar ante una audiencia de 500? Me mojo los pantalones en el escenario. Puedo ser detenido por dar el discurso más horrible en la historia de la humanidad, mi exnovio(a) será parte de la congregación y se reirá de mí.

- Aprecia tu valentía. Siempre que hagas algo que te dé miedo, a pesar del miedo, te has vuelto mucho más poderoso y el próximo ataque de miedo probablemente no te hará rendirte.

- Recompénsate. Por ejemplo, cuando llames a esa persona con la que realmente no quieres hablar, refuerza tu logro dándote algo placentero como un tratamiento de spa, comer fuera, regalarte un libro, dar un paseo, darte algo que te dé alegría.

- Cambia tu perspectiva sobre el miedo. Si tienes miedo como resultado de fracasos pasados, o simplemente tienes miedo de hacer algo diferente, o piensas que el hecho de haber fallado antes significa que fallarás en otras cosas, no olvides que el hecho de haber fallado antes no garantiza que fallarás cada vez. Ten en cuenta que cada momento es un nuevo comienzo, una oportunidad para empezar de nuevo.

No te dejes llevar por miedos inciertos.

Capítulo 17: Confía en ti mismo.

La incertidumbre sobre uno mismo generalmente resulta en ansiedad y una excesiva reflexión sobre lo que traerá el mañana. Te das cuenta de que te falta la autoconfianza para afrontar realmente situaciones específicas y ser decisivo. La sobrepensación surge porque te sientes insuficiente y tienes dudas sobre tus propias elecciones. En realidad, el problema con la sobrepensación es cuántos comandos tienen tus pensamientos sobre ti. Poco a poco, comienzas a dudar de tu capacidad para tomar decisiones acertadas y, en última instancia, pierdes confianza en tus habilidades de toma de decisiones.

Varias personas habitan en la indecisión porque dudan en hacerse cargo de sus vidas, aceptar y asumir las consecuencias de sus acciones. Saltas en cada oportunidad para culpar a cualquier otra persona por la decisión final que tomaron en tu nombre si los eventos toman un giro desfavorable. No obstante, la verdad es que cualquier decisión que se haya tomado sobre tu vida aún regresa a ti, especialmente si actuaste en consecuencia. Porque, como adulto, hay ciertas cosas relacionadas con tu vida que no puedes ignorar como una táctica manipuladora de alguien sobre ti. Te lo digo, no se mantendrá en un tribunal. ¡Eres responsable de tu propia vida! Por consiguiente, es prudente aprender a tomar en cuenta cada decisión, paso y acción que tomas.

En realidad, nadie puede hacer que hagas nada. No importa cuán dominante y controlador sea, tienes la opción de decidir si quieres seguir esa línea o no. Tus acciones o inacciones siguen siendo tu responsabilidad, sin importar de quién fue la idea.

En lugar de distribuir tus problemas para que sean decididos por otras personas, puedes tomar el control de tu vida al tomar tus propias decisiones por ti mismo. Pronto, comienzas a sentir una sensación de satisfacción y confianza en tus juicios y sus posibles resultados. Necesitas acostumbrarte a poner algo de credibilidad en tu capacidad para manejar situaciones específicas. Nadie puede creer en ti como lo harás tú.

Si no quieres quedar prisionero de tu sobrepensamiento, entonces debes levantarte y hacer las cosas en tu vida. Solo estarás engañándote a ti mismo y perderás la oportunidad de tu propio crecimiento y desarrollo.

Afortunadamente para ti, todo lo que necesitas para manejar con éxito cada problema que encuentres en tu vida es confianza en tus habilidades.

Confía en que tienes la capacidad de enfrentar cualquier cosa que la vida te presente con el enfoque adecuado. En el momento en que comienzas a creer en tus habilidades, empiezas a pensar de más menos y te vuelves más decisivo.

Te daré la primicia sobre qué hacer para aprender a creer en tus habilidades:

- Intenta no sobreanalizar el resultado final de tu juicio. El mundo, en general, es variable y los humanos son difíciles de predecir; por lo tanto, sería absurdo pensar que puedes estimar fácilmente las consecuencias inminentes. Como resultado, podemos decir que tomar decisiones es casi siempre un tiro en la oscuridad. Sin embargo, confiar en ti mismo y en tu capacidad para tomar buenas decisiones sigue siendo muy beneficioso, sabe que no puedes controlar el resultado final de tus decisiones. En pocas palabras, sobreanalizar es inútil.

- Intenta no hacer las cosas de manera impulsiva. La gente tiende a ser instantáneamente impulsiva porque considera que pensar en el probable resultado final es una tarea ardua. Por lo tanto, les resulta difícil pasar por el proceso de deliberación. Tomar una decisión impulsiva no es una mala idea, de hecho, sobre la indecisión, es una idea asombrosa. Sin embargo, con la experiencia pasada de malos juicios, tomarse un poco de tiempo para reflexionar sobre tu decisión es sabio.

- Enfrenta tus miedos. Las personas que no tienen confianza en sí mismas suelen ser las que buscan rutas aparentemente sin complicaciones. Como resultado de esta falta de fe, tienen miedo de fracasar y, en consecuencia, toman malas decisiones. Ante la toma de decisiones, intenta elegir la opción que más miedo te dé, porque ese es tu camino más probable hacia el crecimiento.

- Crea un equilibrio entre prestar atención a tu sentido de razonamiento y confiar en tu intuición. Tu mejor oportunidad de que la mayoría de tus decisiones sean acertadas es aprender a lograr un equilibrio entre la razón y los sentimientos intuitivos. Prestar atención solo al sentido y la lógica podría persuadirte a optar por la opción más prudente en lugar de seguir tu intuición. Incluso puedes decirte a ti mismo que necesitas esperar más información en esa área antes de tomar cualquier decisión, ¡y esto puede resultar en no tomar ninguna decisión en absoluto! Por el contrario, seguir tu intuición puede llevarte a tomar decisiones imprudentes. Por lo tanto, prestar atención a tu ser completo es crucial para tomar la decisión correcta, especialmente en decisiones importantes. Como dicen, "no olvides llevar tu cerebro contigo mientras escuchas a tu corazón."

- Enfócate más en tus buenas decisiones pasadas y en los escenarios que las rodean. Pregúntate cómo te hizo sentir tomar esa decisión durante y después de hacerlo y qué hiciste para llegar a ese veredicto. Considera qué la hizo una buena elección en comparación con la otra opción. Reflexionar sobre tus buenas decisiones pasadas te ayudará a construir confianza en tus habilidades para tomar decisiones, sabiendo ahora que tienes esas capacidades. Posteriormente, podrás descubrir fácilmente el plan de acción más adecuado para tu toma de decisiones. Personalmente, he descubierto que una señal de que estoy tomando una buena decisión es cuando no me siento indeciso al hacerlo. Cuando confío en mi decisión es cuando me siento más organizado y sereno.

- Haz la elección que te ofrezca el mayor número de alternativas. A todos les gustan las opciones con muchas opciones para elegir. Sin embargo, hay elecciones que te restringen a un conjunto no diverso de opciones que solo serán una carga para ti más tarde. Realmente no tienes que pasar por el estrés, así que asegúrate de optar por la opción que eventualmente será la más rentable, por difícil que sea elegir. Deja que tu anticipación de las consecuencias de tus habilidades supere ese miedo al fracaso.

- Detente por un momento cuando te enfrentes a una decisión difícil y pregúntate: "¿y si sucediera un milagro de la nada y toda mi vida cambiara positivamente?" Esto puede aliviar la carga de los "y si" y ayudarte a ver una posibilidad de buenos resultados, orientándote hacia la mejor elección.

La racionalidad nos persuade a tomarnos nuestro tiempo y obtener más información antes de considerarnos listos para tomar una decisión. Esto suele ser el resultado de nuestra tendencia a sobrepensar las cosas y temer hacer las elecciones equivocadas. Puede dejarnos en un aprieto y con una falta de disposición para tomar cualquier acción. Debes saber que la indecisión en sí misma ya es una decisión tomada, por lo que es esencial simplemente lanzarse con un poco de razón y un poco de valentía para equilibrarlo. En el momento en que te vuelves más atento a esa voz interior que aparece de vez en cuando para decirte lo que realmente deseas, el sentido y la racionalidad pueden actuar de tal manera que te beneficiará a largo plazo.

No tengas miedo de cometer errores y equivocaciones porque la verdad es que muchas veces, el miedo produce los mejores resultados, especialmente cuando eliges la opción que más te asusta. Hay una alta probabilidad de tomar la decisión correcta que buscas cuando es realmente difícil. A pesar de que la vida es impredecible, debes al menos tener la dignidad suficiente para ser el responsable de tus propias decisiones.

Conéctate con tus neuronas naturales, confía en tus instintos, sigue tus instintos.

Capítulo 18: Deja de esperar el momento perfecto.

Estás condenado a seguir dando vueltas en un ciclo de negatividad si te dejas llevar por el exceso de pensamiento. Es deprimente e inútil seguir persistiendo en los mismos pensamientos. Ni siquiera mejora, ya que el exceso de pensamiento puede influir negativamente en ti emocional y mentalmente. Lamentablemente, varias personas están atrapadas en tal idealismo que han perdido completamente el contacto con la realidad.

El sobrepensar te da una apariencia de necesidad de perfección, pero en realidad, solo te hace dilatar asuntos importantes.

Por ejemplo, en lugar de simplemente comenzar tu negocio, pensar demasiado te detendrá mientras inventas eventos irreales en tu cabeza con preguntas como ¿y si no tengo suficientes fondos para empezar? ¿Y si se me acaba el tiempo antes de poder empezar adecuadamente? ¿Y si nadie quiere apoyarme? Antes de que te des cuenta, comienzas a cuestionar tu preparación.

Al final del día, puede que descubras que nunca comenzaste el negocio.

Sin embargo, ¿cuán seguros estamos de que el futuro será

más brillante? ¿Dónde está la prueba? ¿Realmente podemos depender de nuestra esperanza en el futuro?

En este momento, esta misma experiencia presente es lo que es cierto, ¡nada más! La única certeza es el presente. Afrontémoslo, la probabilidad de obtener satisfacción de un momento futuro impredecible es bastante baja, especialmente si hasta ahora, todavía no has tenido un momento satisfactorio que realmente saciara tus deseos insaciables, incluso después de tu gran anticipación por ello. Así que, eso es la prueba de un futuro más brillante.

Nos ocupamos demasiado del pasado y del futuro desconocido que aún está por venir. Cuando nuestra esperanza en el futuro de riqueza y abundancia nos falla, entonces nos volvemos hacia el pasado con sentimientos sobre cómo eran las cosas antes.

En nuestras mentes, es un lugar eufórico, en algún lugar con valor, un futuro más brillante, en cualquier parte menos donde estamos en ese momento y de alguna manera, tenemos fe en este lugar que nos hemos dicho que nos brindará realización y dirección.

Sin embargo, esta utopía es solo un producto de nuestra imaginación.

En realidad, las decepciones y retrocesos son lo que realmente ocurre. Con el tiempo, a medida que la vida se nos muestra incapaz de otorgar nuestra ilusa ilusión de una utopía que, para ser honesto, está siendo promovida por todo tipo de medios, nos volvemos inquietos.

Cada día, nos sentimos cada vez más insatisfechos con la vida a medida que ganamos y adquirimos más, pero nuestros verdaderos deseos no se satisfacen. Pronto, comenzamos a sentirnos más melancólicos y desanimados, inquietos y aprensivos, como si hubiera una presión sobre nosotros y, posteriormente, comenzamos a actuar irracionalmente porque sentimos que el universo nos ha fallado. Esto no ayuda a nuestras amistades y relaciones con las personas que nos rodean. La mayoría de las veces, un hombre deprimido pierde conexión con todo lo que es real.

Es una tortura mental seguir teniendo tu vida como rehén en anticipación de un momento surrealista en el que desearías estar en cualquier lugar menos donde te encuentras en este momento o ser alguien diferente a quien eres actualmente. Parecemos estar atrapados en fantasías que hemos creado, todas las cuales dependen de esa única esperanza de que hay algo que podemos y debemos hacer para sentir satisfacción en la vida.

¿Qué tal si hacemos una pausa de todo y consideramos que podemos encontrar una felicidad total y completa en el presente?

Puedo garantizar una cosa; si estás dispuesto a detenerte con la rapacidad, entonces comenzarás a darte cuenta de que el aquí y ahora es justo donde necesitas estar para finalmente sentir satisfacción.

La verdad es que, a pesar de las pruebas que enfrentas en la vida todos los días, cada momento es precioso y es como debe ser. Necesitas comenzar a considerar la vida tal como es.

La vida es una efimeridad integral y cada segundo, cada instante no es más que un fragmento de ella. El tiempo realmente no espera a nadie y la naturaleza no se preocupa por ello. Todo lo que tenemos son cadenas de espléndidos segundos y experiencias que conforman nuestra entidad. Debes darte cuenta de que solo puedes vivir una vez, así que estos instantes compartidos no pueden ser otra cosa que meros momentos, así que vive en ellos, sé consciente de ellos.

Para aquellos que aún no están lo suficientemente inspirados para dejar de lado la innecesaria cavilación sobre lo que el futuro realmente depara o no, ¿debo recordarles que llegará un día en el que simplemente no tendrán la capacidad de preocuparse? Ya sea que lo acepten o no, la dura verdad es que la muerte muy probablemente los arrebatará antes de que esa ilusión que han creado tan perfectamente se materialice.

Nunca puedes recuperar esos segundos que lamentaste o evitaste. ¡Ese tiempo se ha ido para siempre! Aprecia cada instante, aprovecha el día, date un poco de amor, muestra amor a las personas que te rodean y ama la tierra, después de todo, es tu planeta.

Haz un punto de encontrar satisfacción y felicidad en cada momento, especialmente en el aquí y ahora, no los dejes pasar. Cómo reacciones a este momento presente influirá enormemente en el siguiente momento y en los momentos subsiguientes. Esto tiene un efecto en cuántas oportunidades tienes en la vida y en cuánto bienestar acumulas al final.

Por lo tanto, vive en el momento, ya sea que estés disfrutando o no disfrutando cada segundo, vive en cada momento en lugar de desear que algo espectacular te suceda.

Si sigues esperando a ser feliz dependiendo de que suceda algo específico, es posible que nunca puedas llenar el vacío de insatisfacción que has cavado en tu propio corazón. Si nada nuevo ha podido satisfacerte por mucho tiempo, entonces sabes que hablo la verdad. Después de un tiempo, ese nuevo producto ya no te hace sentir bien, ni tampoco ese logro o una nueva cita. Aún te sientes vacío e insatisfecho.

Pronto te encuentras en un ciclo al establecer otro nuevo objetivo y terminas sintiéndote de la misma manera.

Necesitas empezar a decirte a ti mismo que la satisfacción y la alegría no están esperando por ti en un futuro lejano ni te han pasado por alto. Están justo al alcance de tu mano en el aquí y ahora, en cada momento que pasa. ¡Es hora de vivir en el momento y apreciar la belleza en cada segundo, es hora de empezar a vivir plenamente! ¡Esto es! ¡Ya está ocurriendo, toma lo que es tuyo!

No hay momento más perfecto que este aquí, ahora mismo. No existe un momento absoluto. Este está yendo justo como debería. Vívelo ahora.

Capítulo 19: Deja de preparar tu día para el estrés y la sobrepensación.

Escapar completamente de días abrumadores y excesivamente estresantes no es posible, pero puedes reducir la cantidad de estos días al mes o anualmente, comenzando bien tu día y no preparándote para estrés irrelevante, agonía y sobrepensar.

Tres puntos que ayudarán con esto son:

Comienza bien. La forma en que begins tu día, la mayoría de las veces, establece el ritmo con el que transcurrirá tu día. Un día difícil será el resultado de una mañana estresante. Recibir malas noticias en tu camino al trabajo te causará tener pensamientos negativos todo el día.

Mientras tanto, si lees un artículo enriquecedor durante el desayuno, hacer un poco de ejercicio y luego comenzar tu día con tu tarea más crucial crea un gran estado de ánimo para tu día y asegura que seas optimista todo el día.

Realiza una sola tarea y toma descansos regulares. Esto ayuda a mantener un enfoque agudo durante todo el día y a hacer las tareas más cruciales. Y al mismo tiempo, crea espacio para la relajación y el rejuvenecimiento, para que no te quedes vacío.

Este tipo de actitud relajada con un enfoque agudo te hará pensar con claridad y precisión, evitará un espacio mental cansado y sobrecargado de pensamientos.

Minimiza tu entrada diaria. El exceso de noticias, comprobar continuamente tu bandeja de entrada y cuentas de redes sociales, o el progreso de tu blog o sitio web provoca una entrada excesiva y congestiona tu cabeza a medida que avanza el día.

Por lo tanto, es más difícil contemplar con facilidad y claridad, no será difícil caer de nuevo en el conocido comportamiento de sobrepensar.

Gestiona tus picos. Inmediatamente que aprendas a localizar tareas importantes, podrás planificar cómo obtener el máximo logro. Esta es la parte donde reunimos nuestra fuerza innata.

Somos plenamente conscientes de que una vez que el trabajo avanza de manera constante, las distracciones se disipan, nuestra concentración está en su punto máximo y nuestro trabajo nos deja asombrados; esto es perfecto. Ciertamente no podemos descuidar las tareas vitales (a veces repetitivas) que sirven como mantenimiento para nuestras empresas, pero podemos notar cuando estamos funcionando en tiempo utilizado en contraposición al tiempo no utilizado.

Si estamos absortos y luchando con tareas cruciales en nuestras horas máximas, querríamos trabajar más tiempo y sentirnos menos cansados a medida que pasa el tiempo. Reducir nuestro tiempo no utilizado también puede maximizar nuestra fuerza y motivación y ayudar a nuestra concentración en un buen pensamiento crucial en lugar de un mal pensamiento innecesario. Una vez que hayas identificado tus períodos pico, estás listo para aprovechar estas horas valiosas.

__Empieza bien. Enfócate en una sola tarea y toma descansos regulares. Minimiza tu entrada diaria.__

Capítulo 20: Aceptando Todo lo que Sucede.

Esto se obtiene de una de las lecciones de la filosofía estoica. El enfoque de esto es que debemos aceptar lo que ocurra, lo cual puede ser tanto malo como bueno, y creer que sucede para un bien mayor, incluso si en este momento no parece así.

La mayoría de las veces, el pensar en exceso ocurre como resultado de pensar en cosas que sucedieron en el pasado. Comenzamos a imaginar cómo habrían sido las circunstancias si las cosas no hubieran ocurrido de la manera en que lo hicieron. La depresión a menudo ocurre a medida que continuamos reproduciendo y sobreanalizando las situaciones en nuestras mentes.

Los problemas del hombre son el resultado de sus propios pensamientos que él crea. El significado de una cosa se obtiene del significado que le das. Tu cerebro da significado a los eventos de la vida para poder comprender lo que está sucediendo.

El significado que asignes a tus experiencias cambiará continuamente tus sentimientos; además, la calidad de tu vida se obtiene de las emociones que sientes.

El significado que asignas a una situación puede ser erróneo si se ve a través de una lente distorsionada. Como ejemplo, una falta de confianza será la base que asignes a todas las relaciones futuras si fuiste traicionado en una relación pasada. Este es solo un lado de la imagen y no puede ser categorizado como incorrecto o correcto.

Tu felicidad depende de que mires hacia atrás a los eventos que han ocurrido, aceptes lo que es y dejes ir aquello que no puedes controlar.

La forma en que pensamos es lo que nos impide alcanzar la felicidad, no casas de lujo, una cuenta bancaria llena de dinero o coches elegantes. Aunque estas cosas son buenas para tener, tienden a desgastarse con el tiempo y se vuelven insignificantes si no puedes sentir satisfacción y paz en el interior.

Sobrepensar no te ayuda a mejorar, tampoco te permite experimentar la belleza de la vida. De hecho, es seguro que comenzarás a cargar con emociones tóxicas.

Como enseñan los principios estoicos, preocuparse no tiene efecto en los eventos que ya han ocurrido, ya que no se pueden cambiar.

Acepta y cree que lo que sucedió fue para tu bien mayor en lugar de culparte a ti mismo por lo que ha sucedido.

Formas de Dejar Ir las Heridas del Pasado

Crear espacio para la felicidad y la nueva alegría en tu vida es la única forma en que puedes aceptarlas. No hay manera de que puedas permitir que algo nuevo entre en tu corazón si ya está lleno de heridas y dolor.

1. Toma la decisión de dejarlo ir. Las cosas no desaparecen por sí solas. Necesitas estar comprometido a dejarlas ir. La autosabotaje puede surgir, impidiéndote avanzar si no decides conscientemente soltar el dolor del pasado.

Necesitas ser capaz de entender que es tu elección dejarlo ir cuando decides hacerlo conscientemente. Deja de pensar en el dolor del pasado. Deja de revivir los recuerdos, concerniendo los eventos en tu cabeza, cada vez que recuerdas a la otra persona (después de haber completado el segundo paso a continuación). Esto empodera a la mayoría de las personas, ya que se dan cuenta de que tienen la capacidad de continuar sintiendo el dolor o vivir una vida libre de él.

2. Expresa tu dolor y responsabilidad. Da voz al dolor que sentiste por el daño, ya sea directamente a la otra persona involucrada, o a través de sacarlo de tu sistema (escribiendo en un diario, desahogándote con un amigo, o incluso escribiéndolo en una carta que nunca entregarás a la otra persona involucrada). Asegúrate de sacarlo de tu sistema. Esto te ayudará a saber exactamente qué te causó sentirte herido.

Vivimos en un mundo de grises, aunque a veces parece que vivimos en un mundo de blanco y negro. Sin embargo, la cantidad de responsabilidad por el dolor que sentiste puede no ser la misma, podrías ser parcialmente responsable de ello. ¿Qué otra opción o paso podrías haber tomado? ¿Estabas participando activamente en tu propia vida o eras simplemente una víctima? ¿Dejarás que tu dolor defina quién eres? ¿O te convertirás en alguien más complejo y con más profundidad que eso?

3. Deja de hacerte la víctima. Aunque se siente bien ser una víctima, similar a pertenecer a un equipo ganador contra

cualquier otra persona. Pero sabes qué? Al mundo simplemente no le importa, así que necesitas pensarlo de nuevo. Es cierto, eres único. Es cierto, tus sentimientos cuentan. Pero no confundas "tus sentimientos cuentan" con "tus sentimientos por encima de todas las cosas y nada más importa." Esta cosa llamada vida es un montón de cosas como compleja, desordenada e entrelazada y tus emociones son simplemente una parte de ello.

En todos los pasos de tu vida, tienes la opción de continuar permitiendo que las acciones de otra persona te hagan sentir bien o mal. ¿Por qué permitirás que alguien que te ha lastimado en el pasado continúe teniendo el poder de herirte en el presente?

Los problemas en una relación no pueden resolverse continuando con la rumia o el sobreanálisis. Nunca. No en toda la historia de este mundo. ¿Por qué entonces elegirás pensar y gastar mucha energía en la persona que sientes que te hirió?

4. Concéntrate en el presente — el aquí y ahora — y en la alegría. Es hora de dejar ir. Deja de pensar en tu pasado y déjalo ir. Deja de retratar una imagen donde tú eres el protagonista y siempre la víctima de las acciones hirientes de la otra persona. No puedes cambiar lo que ha ocurrido en el pasado, solo puedes asegurarte de que hoy sea el mejor día de tu vida.

Cuando te enfocas en el presente, no tienes tiempo para pensar en el pasado. Siempre que recuerdes eventos pasados (como sucederá de vez en cuando), permite que sea solo por un breve período de tiempo. Luego, devuélvete al presente con suavidad. La mayoría de las personas pueden hacer esto con la ayuda de una señal consciente, como decirse a sí mismas "está bien. Eso sucedió en el pasado y ahora me estoy concentrando en mi felicidad."

No olvides que no habrá espacio para cosas positivas si seguimos llenando nuestras vidas y cerebros con sentimientos heridos. Tendrás que elegir entre seguir sintiendo el dolor o permitir que la alegría entre en tu vida.

5. Perdona a ellos y a ti mismo. En esencia, todos tienen derecho a nuestro perdón, aunque puede que no seamos capaces de olvidar sus malas acciones. La mayoría de las veces, no podemos superar nuestro obstinación y dolor y no somos capaces de imaginar otorgar el perdón. Perdonar no significa "coincido con lo que has hecho", en cambio significa "te perdono a pesar de no estar de acuerdo con tus acciones."

El perdón no significa ser débil. En realidad, retrata "soy una buena persona, tú también eres una buena persona, tus acciones me han causado dolor pero deseo seguir con mi vida y permitir que la alegría entre en ella y no puedo hacer eso hasta que suelte esto."

El perdón es un método para dejar ir algo de una manera tangible. También es una forma de sentir empatía por la otra persona y de intentar ponerte en los zapatos de la otra persona.

¿Cómo vivirás contigo mismo en la futura felicidad y paz, si no puedes perdonarte a ti mismo?

La clave para disfrutar de la felicidad y detener el overthinking es la aceptación.

Capítulo 21: Da lo Mejor de Ti y Olvida el Resto.

Es bastante típico que te sientas inadecuado para poder manejar ciertos casos cuando surge la necesidad. Es humano preocuparse por tu capacidad para realmente abordar el problema de manera adecuada. Puedes decir que no tienes suficiente dinero, o recursos, o suficiente determinación, no suficiente compromiso, no suficiente fuerza o inteligencia para ello.

A veces, todo parece estar sucediendo al mismo tiempo y no parece que puedas seguir el ritmo y caes en otra ronda de rumiación que irónicamente solo empeorará la situación en lugar de ayudarte a manejarla, a pesar del hecho de que incluso puedes estar preparado para ello. La rumiación nos agota debido a todas las expectativas que nos imponemos y la necesidad continua de perfección.

¿Alguna vez has considerado que simplemente dar lo mejor de ti es suficiente y que no tienes que preocuparte por las cosas que están fuera de tu control? Está bien ser diferente, ser peculiar. No tiene que parecerse a la vida de otra persona. Tienes derecho a tener una historia completamente diferente que contar.

Preocúpate más por ofrecer tu mejor esfuerzo en lugar de angustiarte por lo que pueda ser el resultado. Ante algunas situaciones, las cosas que están fuera de tu control pueden ser, muy bien, los factores determinantes del resultado final. Por esta razón, angustiarte no te servirá de nada, así que simplemente da lo mejor que tienes para ofrecer y deja que todo repose.

Te lo garantizo, no tienes que hacer nada extra, tu mejor esfuerzo es tu mejor esfuerzo y siempre dará buenos resultados de una forma u otra. Esfuérzate por dar lo mejor de ti porque, solo piénsalo, tu mejor esfuerzo es todo lo que puedes hacer respecto a ese asunto. Para algunos consejos sobre cómo seguir dando lo mejor de ti para una mejor efectividad:

- Dédicate tanto amor a ti mismo. Amarte a ti mismo es, honestamente, el meollo de la vida misma. Desde ese profundo pozo de amor por ti mismo, la inspiración para dar lo mejor de ti, sin importar qué, puede surgir verdaderamente. Te vuelves más amable, más bondadoso, afectuoso, motivado, y cada otro rasgo que siempre has deseado para ti, cuando comienzas a amarte a ti mismo.

- Deja de buscar fallos y de ser idealista. Es bueno establecer altos estándares para nosotros mismos hasta que empezamos a caer en la depresión porque resultan ser inalcanzables. Sé que dicen que apuntas a las estrellas y si caes, al menos caerás entre las nubes, pero no te dispares en la pierna por ello. Establece una meta, pon tu mejor esfuerzo, pero no te castigues porque no resulte exactamente como quieres. Confía en el proceso y ten fe en el universo. ¡No, el universo no está en tu contra!

- Sé consciente de tu entorno. La mejor manera de ser lo mejor que puedes ser es estar atento y consciente de las cosas que suceden a tu alrededor. Además, ten cuidado con tus reacciones a cada ocurrencia. Considera tus próximas acciones, si es lo que deberías estar haciendo y si te beneficiará a largo plazo. Pregúntate si lo que estás haciendo en este mismo momento te ayudará a llegar a donde quieres estar en la vida. No necesitas un coach de vida cuando puedes responder a estas preguntas a diario.

- Sé organizado pero también fluido. Como se mencionó anteriormente, aclara tus deseos y tus necesidades y especifica lo que te trae alegría. La certeza ayuda a la fluidez en la vida. Asegúrate de no sobrepensarlo, deja que fluya.

- No olvides que la vida es un proceso. No trates de apresurarte a través de la vida. Llegarás a tu destino, solo aprecia el proceso, incluyendo las pruebas y las victorias. Vive en el presente y aprecia cada momento y cada respiración que tomas.

- No lo pienses demasiado. Suelta el miedo a fallar cuando has dejado el resto. Los pensamientos negativos permanecen más tiempo y son dolorosos. Solo te causará pensar en exceso sobre eventos pasados y el futuro desconocido. Más que nada, sabes que la mayoría de las historias que tejes en tu cabeza son falsas y sin fundamento. ¡Déjalas ir!

- **No estoy diciendo que será fácil aclarar tu mente todo el tiempo, pero nunca dejes que la negatividad se asiente en tu mente. Puedes elegir no reaccionar de la manera en que quiere que lo hagas, dejándola moverse sobre ti lenta pero seguramente. Sí, puedes elegir no ser afectado por esos pensamientos. ¡Déjalos ir! Cuando te resulte difícil borrarlos, teje una historia basada en hechos en tu cabeza para reemplazar las falacias que la negatividad presenta.**

- Deja de ser juicioso. Cuando tienes algo que decir sobre prácticamente todo lo que sucede a tu alrededor, obtienes la no deseada oportunidad de sobreanalizar y pensar en exceso las cosas. Reduce tus opiniones y tu criticismo. Esto te ayuda a realmente dejar atrás lo demás cuando has hecho lo mejor que puedes. No tienes que formar una opinión sobre ese incidente que realmente no es de tu incumbencia, o sobre esa persona. Estarás gastando energía mental útil y solo te estarás agotando. Tienes la oportunidad de darle un respiro a tu cerebro cuando ignoras la tentación de opinar o juzgar cosas triviales.

No Tiene Que Ser Difícil.

Las personas tienden a pensar que si algo no es difícil o doloroso, entonces no es lo real. Todo puede ser fácil dependiendo de cómo lo veamos o cómo lo enfoquemos. Permite que la naturaleza te moldee y te modele. Sométete al cambio y al amor. Permítete ser amado por completo y recuperar tu vida de las garras del miedo.

Aprende a amar. Estúdialo a fondo. Dedica tiempo a comprenderlo. Deja que el amor te encuentre, te prepare y te moldee en una persona que nunca ha conocido fragmentos, en alguien cuya única memoria es una de plenitud. Por esto vives y respiras. Este es el meollo de la vida; el amor. Todo lo demás es solo un añadido. Cree en ti mismo y sé inquisitivo. ¡Toma el control de tu vida por completo!

No te apresures, tómate tu tiempo. Gana algunos, pierde algunos, levántate, cae, pero levántate otra vez... y no olvides reír a carcajadas, y llorar también con intensidad. Canta, haz música con tu corazón. Harmoniza con las melodías de aquellos que pueden escuchar tu canción. Sé todo esto con fe y gracia.

Hay tanto que hacer y en qué pensar, simplemente haz lo que puedas y deja el resto.

Capítulo 22: No te presiones para manejarlo.

Sin saberlo, muchos de nosotros nos imponemos estrés adicional cuando ya enfrentamos estrés a diario.

La presión excesiva, acumulada con el tiempo, causará en la mayoría de las veces una detonación. Por supuesto, no detonará realmente, pero tendrá un colapso emocional, una pelea explosiva con alguien querido para usted, o se volverá depresivo cuando esté bajo presión autoimpuesta o presión social.

Evita ponerte bajo una presión excesiva si deseas prevenir dilemas físicos y psicológicos. Aunque hablar es fácil, puedes estar decidido a dejar ir algunas situaciones. Sé consciente de que no puedes transformarte de repente, pero, conociéndote bien, puedes aprender a intentar no ser siempre perfecto.

Saber cuándo eres la causa de una presión innecesaria es el primer paso para reducir la presión sobre ti mismo. No te castigues por este comportamiento general, en su lugar, descubre cosas que puedas hacer para dejar de autodestruirte y conviértete en tu socio más poderoso para eliminar el estrés.

Ahora, ¿cómo podemos encontrar y liberar puntos de presión? Te exijo que:

- Identifica tus "puntos de presión". Preguntas como: "¿Cómo me he estado ejerciendo presión a mí mismo en diferentes aspectos de mi vida (mi vida amorosa específicamente)?" ayudarán mucho.

- También pregúntate esto: ¿Cuál es el efecto de mis puntos de presión en mis interacciones con las personas y en mi vida en general?

- Ahora intenta identificar el origen de los puntos de presión. La pregunta es, ¿de dónde proviene esta presión? Sé exhaustivo y, francamente, sincero contigo mismo.

Estos son algunos de los mejores métodos para maximizar tu vida y reducir el estrés autoinfligido como resultado de pensar en exceso.

Comete errores, está bien. Aunque a nadie le gustan los errores, a menudo es algo inevitable. ¿De qué otra manera se supone que debemos aprender?

Deja de darte principios poco prácticos. Todos cometemos errores y estos errores nos moldean en las personas que somos en este momento.

No tengas miedo de deshonrarte o estropear las cosas. Sin errores, no sabremos lo que es adecuado para nosotros y lo que no lo es. Curiosamente, los errores son eventualmente positivos.

Aprovecha las oportunidades, comete errores, estropea las cosas. Cuando finalmente superes la repulsión, la experiencia y el conocimiento adquiridos te harán sentirte agradecido.

Piensa como un realista optimista en lugar de un pesimista. Muchas personas tienen miedo de pensar positivamente, lo comparan con un juego mental en el que desestiman cuestiones relevantes o consejos beneficiosos que la vida ofrece y terminan cometiendo errores que causarán estrés adicional.

Un método optimista que puedes usar es el pensamiento positivo, es una manera específica de pensar que te permite concentrarte en los logros que aumentan tu autoestima y te permiten dar lo mejor de ti en el futuro.

Deja de compararte con los demás. No hay otra persona como tú. Esto debería darte placer. Deja de medirte contra otras personas, particularmente en relación con estándares poco prácticos. No hay otra persona como tú ni como la persona contra la que te estás midiendo.

Reconoce quién eres y ¡muestralo! El hecho de que no te parezcas a otra persona no debería hacerte sentir inferior. Medirte constantemente contra los demás te obliga a concentrarte solo en lo desfavorable.

Agradece por tus características especiales. Son específicas solo para ti. Agradece por cómo te han tratado. Concéntrate en las cosas increíbles sobre ti. Cuando eres capaz de apreciarte correctamente, ser optimista se vuelve fácil y puedes deshacerte de los pensamientos pesimistas que intentan infiltrarse en tu mente.

Una de las cosas más difíciles que podemos hacer es olvidar. Pero si puedes olvidar las cosas que te oprimen, volverse optimista en la vida se logra con facilidad. Realizar estos procesos ayudará a eliminar la presión y te permitirá vivir libre y ser feliz.

Date cuenta de que nada es tan importante. ¿Es esa presentación de PowerPoint para tu jefe o preparar las invitaciones para el cumpleaños de tu primer hijo? En el gran esquema de las cosas, nada es lo suficientemente relevante como para que te agotes, te molestes o te entristezcas.

Nada vale la pena perder el descanso de la noche. No te preocupes tanto que te enfermes. Más bien, inhala, exhala, y luego obtén respuestas a las preguntas planteadas anteriormente. Esto ayudará a poner las cosas en orden.

No te pongas demasiada presión. Nada debería tomarse demasiado en serio.

Capítulo 23: Diario para sacar los pensamientos de tu cabeza.

Existen varias razones por las cuales llevar un diario es una herramienta de gestión del pensamiento muy recomendada. Muchos tipos de investigaciones han demostrado la efectividad de llevar un diario para la felicidad, la salud y la gestión del estrés. Es una técnica simple y placentera. Hay diferentes medios para llevar un diario, y todos tienen la oportunidad de beneficiarse de ello. El hábito de llevar un diario debería añadirse a tu vida; puedes escribir en tu diario a diario, semanalmente, o tanto como necesites en caso de que el estrés se vuelva demasiado intenso.

Una forma en que el diario unidireccional detiene el sobrepensar es ayudándote a procesar tus pensamientos. Esto se debe a que el sobrepensar puede causar rumiación y estrés mental si no se controla; sin embargo, algunas razones de tu sobrepensar pueden disminuirse a través de una pequeña reflexión enfocada. Llevar un diario puede ser una excelente manera de revisar y transformar pensamientos rumiativos y ansiosos en pensamientos orientados a la acción y empoderadores.

Cómo Empezar

Puedes sacarte de un área de estrés y sentirte aliviado en unos minutos siguiendo el plan a continuación. ¿Estás listo? Consigue un bolígrafo o abre un documento y ¡vamos!

Comienza escribiendo en un diario durante 5 a 15 minutos. Anota tus pensamientos y esas cosas que te perturban:

- Escribe tus preocupaciones y continúa haciéndolo hasta que sientas que has expresado las cosas que necesitaban ser dichas sin caer en la rumiación. Puede que desees utilizar un diario, un ordenador o incluso papel y bolígrafo. Si utilizas papel, trata de dejar una línea o dos en blanco por cada línea utilizada ya que esto será útil más adelante.

- Explica lo que está sucediendo en ese momento y los eventos que actualmente están causando dificultades. No olvides que con el sobrepensar, no siempre lo que está ocurriendo actualmente causa estrés, sino tus preocupaciones sobre lo que puede suceder en el futuro. Si esto es así para ti, está bien; puedes dejar de lado lo que está ocurriendo actualmente e indicar que la única parte que realmente es estresante es lo que ocurrirá a continuación. (Esto puede, de hecho, llevar a un alivio del propio estrés).

- A continuación, escribe tus miedos y preocupaciones y ordénalos en orden temporal, desde los más antiguos hasta los más recientes. Esto significa que comienzas con una de las cosas que te causan estrés en el presente y piensas en lo que puede llevar a. Luego anota tus miedos sobre lo que ocurrirá después.
- Escribe sobre su efecto en ti.

Una vez que tus pensamientos estén en orden, busca lo que puedes hacer para reducir un poco la ansiedad y el estrés interior.

Escribir un diario para mejorar tu estado de ánimo

Poner tus miedos y preocupaciones en papel ayuda mucho a sacar esos pensamientos de tu cabeza y ponerlos al descubierto. A continuación, lee de nuevo y reflexiona sobre lo que has escrito.

El examen de tu distorsión cognitiva te ayuda a ver el beneficio de cambiar el hábito de los patrones de pensamiento que inducen estrés.

- Una vez que hayas observado lo que te preocupa en este momento, analiza tus otras opciones. ¿Es posible que haya cambios ahora mismo? ¿Hay cosas que puedes hacer para cambiar los acontecimientos o tus pensamientos sobre los problemas?

- Cuando escribas lo que temes que suceda a continuación, piensa lógicamente y esfuerza por discutir contigo mismo. Escribe lo que sea que surja en cuestión si realmente es una preocupación o no. ¿Qué tan posible es que esto suceda y cómo sabes que sucederá? ¿Qué tan seguro estás? Si tus preocupaciones realmente ocurren, ¿es posible que no sea tan negativo como esperabas que fuera? ¿Es posible que se vuelva neutral o incluso mejor, un evento positivo? ¿Es posible que puedas usar tus circunstancias para obtener un mejor resultado para ti, haciendo uso de las cosas que tienes disponibles y de los posibles cambios que pueden ocurrir? ¿Qué mejor cambio puedes aportar?

Ahora entiendes. Enfrentar tus miedos generalmente te ayuda a aliviar la ansiedad. Comienzas a ver que las cosas son poco probables que ocurran una vez que piensas que son malas o no tan malas como crees que pueden ser.

- Por cada preocupación o miedo que tengas, esfuérzate por escribir al menos una o dos formas en las que puedas verlo de manera diferente. Crea una nueva historia para ti mismo, un nuevo conjunto de ocurrencias potenciales, y escríbelo en papel junto a tus miedos en los que estás pensando.

- El examen de tu distorsión cognitiva también puede ayudarte a ver el beneficio de cambiar el hábito de los patrones de pensamiento que inducen al estrés.

Puede ser bastante útil procesar lo que sientes en papel. Escribe lo que sientes, prepárate para lo peor y espera lo mejor.

Capítulo 24: Cambiar de canal.

Nunca te dejes aburrir por la vida, siempre mantente ocupado con cualquier cosa que te interese. Participa en cualquier actividad que te emocione y que también pueda distraerte de las preocupaciones. Todos enfrentamos diferentes desafíos en la vida, pero no deberíamos concentrarnos en ellos. Sin embargo, una mente ociosa no tiene más opción que preocuparse y pensar en exceso sobre los problemas que rodean la vida. Cuanto menos ocupado estés, más tiempo tendrás para preocuparte. Por lo tanto, es muy necesario que encuentres alguna forma de distracción, algo que pueda ocupar tu mente y aliviar las ansiedades.

Note que la mayor parte del tiempo, cuando está involucrado en algo que le da alegría, su mente parece estar libre de pensamientos y simplemente disfrutando el momento, y es en este momento cuando puede decir "Tuve un buen rato". Cuando está ocupado viviendo cada segundo de su vida haciendo esto (involucrándose en cada actividad que le emociona); tiende a olvidar sus preocupaciones, aliviando así su mente del estrés.

Distráete con actividades como deportes, plantar, ver una película, incluso conversar con seres queridos. Cualquier cosa que elijas para distraerte debe ser algo que ames y que sea capaz de desviar tu atención de las ansiedades. Tu distracción también debe ser algo que se pueda hacer de manera regular. Si tienes muchas horas libres, incluso puedes considerar ofrecer servicio voluntario a niños, ancianos, e incluso animales. Ayudar a otras personas es otra forma de distraerte de tus propios problemas y concentrarte en los demás. También te ayuda a sentirte útil, en lugar de preocuparte por las cosas sobre las que no tienes control.

Encontrar una distracción es como intentar sanar un corazón roto. Es una forma de ayudarte a seguir adelante con el dolor y el sufrimiento, te ayuda a reconsiderar los hechos y a apreciar más la vida. Las distracciones son como buenos amigos que constantemente nos ayudan a encontrarnos cuando estamos perdidos.

Esta habilidad (habilidad de distracción) se utiliza a menudo en el campo médico para calmar a los pacientes y distraerlos del dolor o de cualquier otra forma de malestar. Esto es para demostrar que esta habilidad o arte es muy necesario para todos los campos de la vida. El objetivo de distraernos es darnos la oportunidad de experimentar otras cosas por las que podemos sentirnos agradecidos. Nos abre los ojos para ver el mundo que nos rodea y apreciarlo.

Una vez que comiences a involucrarte más con la vida, sin crear espacio para los sentimientos de ansiedad y preocupaciones, notarás la mentalidad positiva que viene con la paz mental.

Hay listas interminables de distracciones en las que puedes participar, pero a continuación se enumeran algunas;

- El hábito de escuchar música relajante
- Consigue una mascota con la que puedas acurrucarte.
- Tomando té o disfrutando de tu mejor bocadillo

- Optar por largas caminatas
- Ejercicio
- Participa en deportes
- Lee un libro
- Puedes escribir
- Quédate quieto un rato o echa una siesta.
- Limpiar la casa
- Sal a comprar, reunirte con amigos o simplemente pasear.
- Dibujar
- Recitar rimas o el ABC

Cualquiera que sea tu actividad, simplemente consigue un pasatiempo. Distráete para salir del círculo.

Capítulo 25: Tómate un Descanso.

Puedes ser arrastrado por problemas cuando simplemente intentas concentrarte en el trabajo actual o solo quieres divertirte.

Cuando experimentas una situación que está fuera de tu control, buscar una actividad positiva en la que involucrarte es una opción saludable. Busca una distracción, algo que traiga placer o consuelo, o que te haga sentir mejor.

Relajarse en la naturaleza es refrescante, calmante y un gran alivio del estrés y la preocupación. Cada vez que te sientas abrumado por pensamientos descontrolados en tu mente, sal a dar un paseo por la playa, junto al río o en el parque.

El objetivo es conectarte contigo mismo. Concéntrate en los sonidos, vistas y olores de tu entorno. Tomar un descanso alejará tu mente de tus preocupaciones, te hará sentir tranquilo y te reconfortará.

Descanso para Resultados

Crear tiempo para descansos refrescantes física y mentalmente es fácil. Busca una actividad que disfrutes. Selecciona entre estas opciones para probar en tu próximo descanso.

Estiramiento. Si eres como muchas personas que se sientan frente a una computadora o un escritorio durante mucho tiempo, levántate de tu silla al menos una vez cada hora para moverte y estirar tus piernas y brazos. Además, apartar regularmente la vista de la pantalla hace que tus ojos se cansen menos.

Caminar. Los movimientos de caminar aceleran la circulación, lo que te hace más activo y reduce la tensión en tus músculos. Además, un cambio de entorno puede darte una nueva solución o perspectiva a un problema persistente.

Respiración. Inhalar lenta y profundamente por la nariz y exhalar por la boca es una forma de ejercicio para controlar la respiración. Este es un gran método para refrescar tu mente, aliviar la tensión y mejorar la alerta. Puedes practicar estos ejercicios de respiración acostado o sentado en una silla. Para obtener resultados efectivos, intenta hacer hasta 8 repeticiones dos o tres veces al día.

Ejercicio. Siempre que puedas, haz ese paseo en bicicleta o esa caminata de 20 minutos. Períodos cortos de ejercicio aumentan tu frecuencia cardíaca y mejoran la circulación, te hacen más alerta, mantienen tu peso bajo control, mejoran tu apetito y te hacen sentir menos cansado.

Visualización. Una estrategia para obtener los efectos positivos de un ambiente sereno cuando no puedes estar presente allí, en realidad, es a través de la Visualización. Por ejemplo, si estás teniendo un día difícil en el trabajo, puedes acostarte o sentarte en una silla durante algunos minutos e imaginar que estás en tu lugar de vacaciones favorito o sentado en una reconfortante bañera de hidromasaje que hace que todo el estrés se derrita. Visualiza tantos detalles emocionantes como puedas: olores, sonidos y vistas. Esto transmite impulsos a tu cerebro, diciéndole que se relaje.

Lee un libro. Una pequeña distracción es todo lo que se necesita para escapar del confinamiento. Olvídate de Internet y lee un libro. Sumérgete en una historia romántica o lee algo que te lleve a un lugar y tiempo diferentes. Si es imposible alejarte de tus preocupaciones, aléjate de ellas.

Ayuda a alguien más. Deja de ser egoísta. Piensa en otras personas. Conviértete en un voluntario local, dona a una buena causa, haz sándwiches para las personas sin hogar en tu área. La forma más fácil de dejar de pensar en ti mismo es pensar en otra persona.

Muchas de esas cosas que nos agobian y nos hacen perder el sueño pueden ser solucionadas con algunas horas de disfrute, placer o distracción, en lugar de otro día estresante lleno de preocupaciones y ansiedad.

Al adoptar estas estrategias, sigue las indicaciones de tu cuerpo y no permitas que una rutina estricta dicte tus descansos. Cuando tus descansos se releguen a otro deber en tu lista de tareas, será difícil obtener los beneficios deseados. Así que, toma ese descanso cuando más lo desees.

Tu estado de ánimo, junto con tu perspectiva, mejorará. Todo, incluidos los desafíos imposibles en la vida, parece más fácil cuando te tomas un descanso de todo el estrés. Un poco de espacio para respirar puede preservar tu perspectiva y ayudarte a explorar otras opciones para un cambio positivo.

Consolida todos tus problemas en lugar de dejarlos interrumpir tu vida diaria.

Capítulo 26: Hacer ejercicio.

Tu salud, así como tus actividades diarias, pueden verse negativamente afectadas por el pensamiento excesivo. Como ya sabes, el proceso de pensar demasiado es tedioso, ocupa gran parte de tu tiempo y te impide participar en actividades productivas.

Tiendes a considerar cada situación como demasiado compleja y tu cerebro se estresa por el exceso de análisis. Así que es muy difícil desplegar tus habilidades para resolver problemas y analíticas. La mayor parte del tiempo, estás molesto y decepcionado contigo mismo. Eventualmente, esto resulta en ansiedad y depresión. Las cosas pequeñas comienzan a aterrorizart o a irritarte, incluso podrías llorar. Además, hay una aceleración en el proceso de envejecimiento, hay un cambio en tu patrón de sueño y podrías experimentar un trastorno de la alimentación.

No solo el hacer ejercicio ayuda a limitar el exceso de pensamientos, sino que también reduce el estrés interno y la ansiedad.

Como sabemos, no hay manera de que puedas apagar tu cerebro si no quieres pensar. El proceso es difícil, pero es inofensivo intentarlo y también puedes mejorar la calidad de tu vida mientras lo haces.

Necesitas una gran concentración mental para participar en

un entrenamiento intenso, esto implica que toda tu concentración estará en el ejercicio, en lugar de en las varias imaginaciones que corren por tu mente.

Además, se liberan endorfinas en tu cerebro cuando haces ejercicio, lo que conduce a una sensación general de bienestar y positividad. Esto reduce el riesgo de pensar en pensamientos perturbadores o negativos.

Cómo el ejercicio promueve el bienestar positivo

Las personas que se sienten mentalmente saludables también pueden mejorar su salud haciendo ejercicio. Se ha descubierto que participar en actividad física estimula un sueño de calidad, mejora el estado de ánimo y aumenta los niveles de energía.

Los beneficios de la actividad física para la salud mental son numerosos, incluyen:

Las hormonas del estrés se reducen al hacer ejercicio. Las hormonas del estrés, como el cortisol, se reducen cuando haces ejercicio. Las endorfinas, tu hormona de la positividad, también se liberan cuando haces ejercicio y esto ayuda a mejorar tu estado de ánimo.

La actividad física desvía tu atención de las emociones y pensamientos negativos. La actividad física te distrae de tu problema, canaliza tu mente hacia la actividad presente o te mueve a un estado de calma.

El ejercicio aumenta la confianza. Hacer ejercicio ayuda a tonificar los músculos, perder peso y lograr una sonrisa y un brillo saludables. Puedes experimentar una ligera pero significativa mejora en tu estado de ánimo, tu ropa te queda mejor y emanas un aura de confianza renovada.

El ejercicio puede ser una excelente fuente de apoyo social. Hay beneficios comprobados del apoyo social y muchas actividades físicas también pueden considerarse actividades sociales. Por lo tanto, no importa si juegas softball en una liga o te haces miembro de una clase de ejercicio, el entrenamiento grupal puede ofrecer los beneficios adicionales de aliviar el estrés.

La mejora de la salud física equivale a la mejora de la salud mental. Aunque el estrés resulta en enfermedades, las enfermedades también pueden resultar en estrés. Mejorar tu bienestar general y longevidad a través del ejercicio puede prevenir mucho estrés a corto plazo, al aumentar tu inmunidad contra la gripe, resfriados y otras enfermedades menores. Y a largo plazo, al mejorar tu salud por un largo tiempo, ayudándote a aprovechar al máximo la vida.

El ejercicio te protege del estrés. Podría haber un vínculo entre la actividad física y la reducción de la respuesta fisiológica al estrés. En términos más simples, el estrés tiene un efecto reducido en las personas que hacen ejercicio activamente. Además de otros beneficios, el ejercicio podría hacerte inmune al estrés potencial y puede ayudarte a manejar el estrés actualmente.

Tipos de ejercicios para superar la sobrepensación

Estos tres ejercicios te ayudarán a vencer la práctica de sobreanalizar y pensar demasiado. Mantente en este increíble patrón y transforma tu vida.

Experimenta con el yoga. Una excelente manera de reducir la presión sobre tu cerebro y aliviar el estrés es practicando yoga. El yoga ayuda a canalizar tu atención y concentración de cosas insignificantes hacia tu respiración y cuerpo al entrar en un estado de meditación.

Experimenta con la Postura Fácil en Yoga. Contrario a lo que sugiere el nombre, no es fácil. Te sientas con los huesos de la cadera aplastados contra el suelo y extiendes tu columna. Relaja los hombros y afloja tu cara a un estado de tranquilidad. Deja caer los brazos sobre las rodillas y respira profundamente durante al menos un minuto. Esto eliminará toda tu preocupación y estrés mental.

'Rodillas al Pecho' es otro gran ejercicio. Lo único que necesitas hacer es recostarte y abrazar tus rodillas cerca de tu pecho. Haz movimientos de balanceo de lado a lado y respira hondo durante un mínimo de 40 segundos.

Ejercicios cardiovasculares de rutina. Este es un gran método de relajación. Las endorfinas son analgésicos naturales que se liberan durante períodos prolongados de aumento de la frecuencia cardíaca. No solo el ejercicio regular disminuye el nivel de estrés en tu cuerpo, sino que también puede ayudar con la pérdida de peso, aumentando tu confianza. Si eres principiante, prueba estos ejercicios relativamente simples.

Comienza dando un paseo por las colinas. Puedes incluir pesos para los tobillos o usar correas para las muñecas o mancuernas para aumentar tu frecuencia cardíaca. De lo contrario, usa una caminadora; enciende tu elección de música preferida para evitar que tu cerebro se distraiga con cosas insignificantes. Andar en bicicleta es otra gran opción si no disfrutas caminar.

Usar las escaleras es otra opción. Corre o camina por las escaleras, dos a la vez durante unos 10-15 segundos, de lo contrario, experimenta con el Stairmaster en el gimnasio.

Involúcrate en la relajación muscular progresiva. Este es un proceso de dos etapas. Primero, contraes y luego relajas varios músculos de tu cuerpo. Esto ayuda a neutralizar el estrés y los músculos tensos en tu cuerpo. Un cuerpo relajado es igual a una mente relajada. Ten en cuenta preguntar a tu médico sobre cualquier historial de dolor en la espalda o en los músculos antes de hacer esto para que puedas evitar la exacerbación de una lesión subyacente.

Puedes empezar con tu pie derecho. Aprieta con fuerza durante 10 segundos, luego permite que se relaje. Haz esto también con tu pie izquierdo y asciende de la misma manera. Recuerda respirar profundamente y despacio durante todo el proceso.

El estrés se reduce al participar en actividad física de rutina.

Capítulo 27: Consigue un pasatiempo.

Hacer algo que amamos nos brinda felicidad y mejora nuestras vidas. Este es un buen método para dejar de lado el hábito de sobrepensar. Ten una escapatoria artística constante que ames. Cualquier actividad productiva como la programación, el diseño gráfico, la música, el dibujo y la pintura, estar involucrado en un deporte, y otros.

El mejor método para comenzar otro pasatiempo es intentar algo diferente. Hay actividades increíbles y divertidas en todo el mundo en las que podemos profundizar y convertir en nuestras. Ofrece algo interesante que hacer mientras estamos libres y da la libertad de adquirir habilidades adicionales. Tu pasatiempo puede ser jugar videojuegos.

Todos somos específicos y diferentes, por lo tanto, nuestros pasatiempos y pasiones difieren. Y en el momento en que encontramos un pasatiempo que amamos y que realmente nos interesa, nos quedamos pegados a él. Se convierte en un aspecto integral de nuestras vidas y nos fascina personalmente. Si tus pensamientos se vuelven abrumadores, dedica tiempo a tu pasatiempo y sumérgete en él. Mantente en ello hasta que te sientas revitalizado.

Hay numerosas razones por las que todos deberíamos adoptar un hobby, pero estos son algunos beneficios principales:

- Te hace más interesante. Tener pasatiempos te abre a encuentros diversos, por lo que tendrás montones de historias que contar. Son especialistas en ese ámbito, así que pueden dar conferencias a cualquiera que tenga curiosidad sobre sus temas.

- Ayuda a aliviar el estrés al mantenerte involucrado en algo que disfrutas. Los pasatiempos son una forma de escapar del estrés de la vida diaria. Te permiten descansar y encontrar alegría en actividades que no están relacionadas con el trabajo o con otras obligaciones.

- Los pasatiempos te ayudan a ser más paciente. Para adquirir un nuevo pasatiempo, tienes que estar tranquilo para aprender a hacer algo que nunca has hecho antes. Es probable que haya un período de aprendizaje y se requerirá paciencia para perfeccionar tus habilidades.

- Tener un pasatiempo puede ayudar a tu vida social y crear un vínculo con los demás. Un pasatiempo es una actividad que disfrutas constantemente con otros. Si eres parte de un club, participas en una liga, o simplemente ayudas a otros con el resultado de tu trabajo, un pasatiempo es una excelente manera de conocer y relacionarte con personas que son apasionadas por las mismas cosas que a ti te apasionan.

- Te ayuda a desarrollar nuevas habilidades: Dedicarse y dedicar tu tiempo a un pasatiempo te lleva a construir nuevas habilidades. Sigues mejorando en un pasatiempo a medida que aumenta el tiempo que le dedicas.

- Ayuda a prevenir malos hábitos y a no perder el tiempo: El dicho "las manos ociosas son el taller del diablo" nunca pasa de moda. Tener buenos pasatiempos para hacer durante tu tiempo libre asegura que no gastes ese tiempo libre en actividades negativas o desperdiciadas.

- Aumenta tu confianza y autoestima: Las probabilidades son que disfrutar de una actividad generalmente garantiza que serás bueno en ella. Destacar en cualquier actividad te ayuda a desarrollar orgullo por tus logros y a aumentar tu confianza.

- Aumenta tu conocimiento: Desarrollar tu afición no solo garantiza adquirir nuevas habilidades, sino que también asegura que adquieras nuevos conocimientos.

- Te desafía: Al participar en un nuevo pasatiempo, comienzas a involucrarte en actividades que son nuevas y desafiantes. Si no es un desafío para ti, tu pasatiempo será menos agradable y puede que no lo encuentres interesante.

- Los pasatiempos ayudan a reducir o erradicar el aburrimiento: Los pasatiempos aseguran que tengas algo que hacer en tu tiempo libre. También aseguran que tengas algo que te emocione y algo que esperar.

- Enriquece tu vida y te da una perspectiva diferente sobre las cosas: Es cierto que tendrás acceso a nuevas ideas sin importar el hobby que elijas. Los hobbies también te ayudan a crecer de varias maneras, incluyendo ofrecerte nuevas formas de ver la vida y darte nuevas opiniones.

Tu enfoque se desplaza de pensar en exceso a la actividad presente cuando te involucras en tu pasatiempo. Esto ayuda a mostrar tu creatividad y mejora tu coordinación y función cognitiva.

Capítulo 28: No seas demasiado duro contigo mismo.

A menudo, piensas demasiado como resultado de ser muy duro contigo mismo. Tu deseo de fortuna es tanto que te hundes en la angustia si tus planes no se concretan. Aún estás enojado contigo mismo por tu reciente fracaso.

Dado que todos deseamos un mañana mejor, tendemos a sentirnos molestos y pensar demasiado en cómo será nuestro mañana. Te preocupa perder tu empleo, que tu empresa se hunda, que un divorcio sea inminente y muchas otras cosas.

¡Detente! Porque estar molesto no cambiará nada.

En un sentido real, arruina tu momento presente. Acepta el hecho de que no puedes hacer nada sobre tu mañana y deja de preocuparte por ello.

Si a menudo eres demasiado duro contigo mismo, eliminar tu comportamiento de sobrepensar se convierte en un problema. En realidad, la vida nunca sale como se planeó.

A veces, las cosas no saldrán bien y no hay nada de malo en eso. Prepárate para dejar ir la culpa cuando las cosas no salgan como estaba planeado. A menudo, no eres la causa.

¿Por qué preocuparse por una situación sobre la que no puedes hacer nada?

Inmediatamente, cuando dejes de ser duro contigo mismo, el fracaso no te generará miedo, lo que conducirá a menos sobrepensamiento.

Reconoce que tu mañana sucederá tal como estaba destinado y dirige tu fuerza hacia actividades que te brinden placer y satisfacción.

Cómo dejar de ser tan duro contigo mismo

Es crucial ser tolerante y apreciarte a ti mismo para dejar de ser duro contigo mismo. En lugar de desperdiciar tiempo en la aut culpa, enséñate a hacer la vida mejor para ti.

- Ten expectativas realistas. Eres solo humano, así que entiende que no hay nada de malo en cometer errores. No hay persona impecable y la vida no es impecable. Cometer errores te ayudará a adquirir conocimiento y a desarrollarte, y lo que deseas en la vida no es a menudo lo que obtienes. Acepta el curso de tu vida, dedícate a adquirir conocimiento y a mejorar como persona. Concéntrate solo en las cosas que realmente puedes influir.

- Busca las lecciones en todo. En lugar de castigarte cuando cometes un error, acepta lo incorrecto y busca la moraleja en ello. Está bien ser criticado, pero asegúrate de que los críticos sean útiles y tengan una importancia relativa. Tener baja autoestima está estrechamente asociado con ser demasiado duro contigo mismo. Determínate a no ser duro contigo mismo. Pregúntate qué puedes hacer mejor en el futuro basándote en lo que aprendiste. Ve estos encuentros como una oportunidad para progresar.

- Desafía a tu crítico interior negativo. Las cosas que dices y piensas son importantes y ser pesimista distorsionará tu existencia. Cuestionarte repetidamente no te aportará nada. Deja de vivir en tus errores. Este es un mal uso de la fuerza, es contraproducente y te mantiene estancado. Lucha contra el pesimismo y concéntrate en el progreso.

- Enfócate en lo positivo. Hay "cosas buenas" en todas partes, pero es muy probable que no las notes si eres duro contigo mismo. Busca deliberadamente lo positivo. Pregúntate sobre las cosas que hiciste correctamente, qué aprecias de ti y de tu existencia. Tener un diario y escribirlo es útil.

- Pon las cosas en perspectiva. ¿Son los errores que cometiste y tu vida tan trágicos como imaginas? ¿En unos 10 años, seguirá siendo importante? Puedes hablar de ello con una persona de confianza.

- Usa afirmaciones. Por ejemplo, "Puede que no sea el mejor, pero estoy adquiriendo conocimiento y progresando" o "lo que hice entonces fue lo mejor que supe hacer."

- Trátate a ti mismo como a un mejor amigo. Acepta a ti mismo como alguien con defectos, trátate con ternura y cúbrete de amor. Permítete hacer cosas nuevas, cometer errores, resolver las cosas y avanzar. Aprecia a ti mismo y conoce tu valor completo.

El progreso se detiene cuando eres demasiado duro contigo mismo. Pero puedes dejar de ser duro contigo mismo. Requiere determinación y fuerza, pero vale la pena. Si tienes algún problema o crees que siempre estás estancado, no dudes en pedir ayuda. Deja de ser duro contigo mismo, cultiva la autoconfianza y construye el tipo de vida que deseas.

No tienes que estar a cargo. Acepta que no puedes hacer nada sobre el mañana y que no tienes poder sobre todo.

Deja de ser un idealista

Capítulo 29: Duerme mucho con buena calidad.

Al mantener una actitud beneficiosa y no dejarse llevar por una mentalidad adversa, el sueño es un factor mayormente olvidado. Cuando no duermes lo suficiente, es probable que te sientas molesto y tengas pensamientos negativos, no meditas con la claridad habitual y te dejas llevar por los diversos pensamientos que giran en tu mente mientras piensas en exceso.

Para adquirir y retener conocimiento, ser innovador, se requiere un cerebro brillante y atento. Por el contrario, se cometen más errores y hay una reducción en la creatividad en nuestras actividades cuando no se duerme lo suficiente.

El sueño adecuado asegura que tengamos el estado mental correcto para obtener información en nuestras actividades diarias. Además, se requiere un sueño adecuado para refinar y memorizar esa información durante un largo período de tiempo. El sueño provoca alteraciones en el cerebro que consolidan la red de refuerzo del pensamiento entre las células cerebrales y envían información a través de los hemisferios del cerebro.

Beneficios de dormir

- Agudiza tu atención. Habrás observado que es difícil concentrarse en las cosas cuando tienes demasiados pensamientos girando en tu cabeza. Es difícil aprender muchas cosas nuevas cuando piensas en exceso. Si estás correctamente relajado, tendrás más claridad y un enfoque agudo.

- El sueño mejora tu salud mental. Acuéstate a tiempo para tu salud intelectual. El sueño reduce los signos de depresión. La falta de sueño puede causar ansiedad y aumentar el estrés. Cuando estás demasiado tenso para dormir, puedes levantarte de la cama, intentar meditar o escribir en un diario para ayudar a preparar tu mente para dormir.

- Mejora tu memoria. Hacer una memoria consta de tres fases. La fase uno es la adquisición, aquí es donde traes hechos a tu mente. La fase dos es la consolidación; aquí, la información se solidifica. Por último, la recuperación - y es exactamente lo que piensas, podemos volver a la información guardada. Las fases uno y tres ocurren durante nuestras horas de vigilia y la fase dos ocurre durante nuestras horas de sueño. Durante el sueño, el cerebro consolida y organiza nuestros pensamientos, esto ayuda a recordar el conocimiento adquirido previamente.

- Reduce tu estrés. Cuando no duermes lo suficiente, ¿has observado cómo cosas insignificantes te preocupan? Pensar demasiado hace que te pongas malhumorado y tengas reacciones adversas a inconvenientes e interferencias insignificantes. Dormir ayuda a disminuir el estrés.

- Ayuda en la toma de decisiones. Tu sueño afecta tus decisiones. Tener un tiempo de pensamiento inerte, como el sueño, ayuda a una buena toma de decisiones. ¿Conoces a alguien que quiera tomar una decisión que cambie su vida estando cansado?

- Te ayuda a concentrarte en tus tareas. Si no estás durmiendo bien por ti mismo, duerme bien por tus deberes. La investigación nos dice que dormir te ayudará a mantenerte consciente y atento todo el día, permitiendo que tu horario funcione más de lo que lo haría si no durmieras. Las siestas cortas también pueden agudizar tu concentración. Adquirir conocimientos y habilidades tácticas se ve favorecido por el sueño.

- El sueño limpia físicamente tu mente. Así como limpias la basura en tu hogar, deja que el sueño saque la basura de tu cabeza. Las toxinas que se acumulan durante un periodo de tiempo son limpiadas por el cerebro cuando duermes. Esa es probablemente la razón por la que te sientes muy bien cuando te levantas de un buen sueño.

Cómo Sacar el Máximo Provecho de Tu Sueño

- Aprende cuánto tiempo tardas en quedarte dormido. Si deseas dormir durante un período de tiempo definido, en realidad debes considerar la cantidad de tiempo que utilizas para quedarte dormido. Una aplicación móvil de seguimiento del sueño puede ayudar con esto. Una vez que hayas estimado esto, tenlo en cuenta al pensar en tu tiempo de sueño.

- Mantenlo fresco. Entrar en un dormitorio acogedor está bien al principio. Sin embargo, me di cuenta de que duermo más cómodamente, en paz y con menos pesadillas en una habitación fría.

- Mantén los tapones para los oídos cerca. Si eres como yo, te despiertas con el más mínimo ruido, entonces los tapones para los oídos son lo mejor. Estos materiales de bajo costo han ayudado a mi buen descanso nocturno y me han ayudado a dormir, incluso si hay gatos ruidosos, personas que roncan y cualquier otra interrupción.

- No trates de forzarte a dormir. No te metas en la cama y te obligues a dormir, cuando no sientes sueño. Por experiencia, hacer esto me lleva a dar vueltas en mi cama durante más de una hora. Lo mejor que se puede hacer en una situación así es relajarse durante unos 20-30 minutos en el sofá, leyendo o haciendo cualquier cosa que te parezca adecuada. Hacer esto me hace dormir mucho más rápido y, eventualmente, obtener un sueño adecuado.

- No duermas demasiado. Lo que inicialmente me hizo odiar las siestas fue dormir durante un tiempo incorrecto. Lo que está mal en esto es que puede hacer que tengas pereza para dormir: la sensación de aturdimiento y de estar más débil que antes de irte a dormir.

Como el flujo sanguíneo y la temperatura del cerebro son más bajos durante el sueño, despertarse inesperadamente y un aumento del nivel de función cerebral es desconcertante.

Dormir más de 90 minutos no es útil porque comenzarás otro ciclo de sueño. Además, dormir una siesta al final del día consistirá en un exceso de sueño de ondas lentas.

Restringe tu reposo a 15 minutos. 30 minutos pueden causar inercia del sueño, o un ralentización de la corteza prefrontal del cerebro que se encarga del juicio. Reiniciar esto toma aproximadamente 30 minutos.

El acuerdo general común a todos los estudios que investigué es optar por una siesta corta de 15-20 minutos, posiblemente tomando un poco de café antes, para levantarse con más energía (pero me sorprenderá si logras hacerlo), o dormir una siesta completa de 90 minutos y despertarse antes del inicio del siguiente ciclo.

- Elige el momento adecuado del día. Dormitar cuando tus niveles de fuerza están habitualmente bajos puede ayudar a prevenir la sensación de la temida hora ilimitada cuando el día continúa lentamente mientras luchas contra el sueño. Para aquellos que trabajan en el horario habitual de 9 a 5, este momento es normalmente después del almuerzo: debido al ciclo innato de nuestro ritmo circadiano, estamos cansados dos veces en 24 horas. La mitad de la noche es uno de los picos de somnolencia y el otro, aproximadamente 12 horas después, es justo a media tarde.

Si no dormiste lo suficiente la noche anterior, la caída en los pensamientos se sentirá más intensamente, por lo que querrás dormir más. En lugar de luchar contra este sentimiento con café y bebidas energéticas, puedes tomar una siesta corta para refrescar tu cerebro antes de enfrentar la tarde.

- Práctica. Para mejorar las siestas, la práctica es importante. Encontrar lo que es específico para ti puede llevar tiempo, así que sigue probando diferentes horarios del día, diferentes duraciones de la siesta y diferentes métodos de despertar.

Asegúrate de que tu entorno para dormir tenga poca luz. Ten una manta a mano para mantenerte abrigado mientras duermes.

Consigue un sueño de calidad adecuado. Mantenlo fresco. Ten los tapones para los oídos cerca. No te fuerces a dormir.

Conclusión.

Necesitas entrenarte para dejar de sobre pensar y hacer un esfuerzo consciente para practicar esto a diario para que se convierta en un hábito. Controlar tus sentimientos y pensamientos requiere una práctica seria y compromiso.

Por sí sola, tu mente puede divagar aleatoriamente de una idea a otra, puede recorrer el camino de los recuerdos, perseguir pensamientos salvajes o agitar ideas amargas o resentimientos y ira. Alternativamente, tu mente puede sumergirse en un mar de ensoñaciones y un mundo de fantasía; si no se tiene cuidado, tu vida puede ser controlada por tales pensamientos aleatorios de tal manera que cada decisión o acción que tomes se vuelva impredecible. Tales pensamientos intrusivos que puedes experimentar durante el día son evidencia de que la mayoría de las funciones de la mente están probablemente más allá del control consciente. Además, nuestros pensamientos pueden sentirse tan poderosos y reales, y pueden afectar la forma en que percibimos el mundo exterior.

Tómate un momento para descartar la suposición de que tus pensamientos espontáneos son insignificantes y totalmente inofensivos. En verdad, tales pensamientos pueden ser irrelevantes en ese momento, pueden ser el producto de recuerdos o emociones pasadas, pero en el momento presente, podrían no reflejar la realidad.

La mayoría de nuestros pensamientos están bajo el control de nuestra mente subconsciente y nuestra mente subconsciente nunca nos concederá el control total sobre nuestros pensamientos. Sin embargo, aún tienes la capacidad de controlar algunos de tus pensamientos. Además, puedes cambiar algunos de tus hábitos y cómo reaccionas a ellos para ganar más control sobre tus emociones.

A medida que avanzaste en este libro, has encontrado una variada selección de ideas y herramientas que pueden ayudarte a despejar tu mente para que puedas silenciar todas las voces negativas en tu cabeza, reducir el estrés y tener más tranquilidad.

Hacer esfuerzos conscientes para evitar pensar en exceso es una acción gratificante que impactará significativamente la calidad de tu vida. Al pasar menos tiempo lidiando con pensamientos intrusivos y negativos "en tu mente", tendrás más tiempo para disfrutar el momento presente y cada otro momento.

Manejo de la ira:

10 Poderosos Pasos para Tomar el Control Completo de sus Emociones, Para Hombres y Mujeres, Guía de Autoayuda para el Autocontrol, Psicología Detrás de la Ira. Incluso Para Padres.

Copyright 2024 por Robert Clear - Todos los derechos reservados.

Este Libro se proporciona con el único propósito de ofrecer información relevante sobre un tema específico para el cual se ha hecho todo esfuerzo razonable para garantizar que sea tanto preciso como razonable. No obstante, al comprar este Libro, usted consiente en el hecho de que el autor, así como el editor, no son de ninguna manera expertos en los temas aquí contenidos, independientemente de cualquier afirmación al respecto que pueda hacerse. Como tal, cualquier sugerencia o recomendación que se haga dentro es solamente por valor de entretenimiento. Se recomienda que siempre consulte a un profesional antes de llevar a cabo cualquiera de los consejos o técnicas discutidos aquí.

Esta es una declaración legalmente vinculante que es considerada tanto válida como justa por el Comité de la Asociación de Editores y la Asociación Americana de Abogados, y debe ser considerada como legalmente vinculante dentro de los Estados Unidos.

La reproducción, transmisión y duplicación de cualquiera de los contenidos aquí encontrados, incluyendo cualquier información específica o extendida, se considerará un acto ilegal independientemente de la forma final que tome la información. Esto incluye versiones copiadas de la obra, tanto físicas, digitales como de audio, a menos que se proporcione el consentimiento expreso del Editor con antelación. Todos los derechos adicionales reservados.

Además, la información que se puede encontrar dentro de las páginas descritas a continuación se considerará tanto precisa como veraz en lo que respecta a la narración de hechos. Por lo tanto, cualquier uso, correcto o incorrecto, de la información proporcionada liberará al Editor de responsabilidad por las acciones tomadas fuera de su ámbito directo. En cualquier caso, no existen escenarios en los que el autor original o el Editor puedan ser considerados responsables de alguna manera por daños o dificultades que puedan resultar de cualquiera de la información discutida en este documento.

Además, la información en las siguientes páginas está destinada únicamente a fines informativos y, por lo tanto, debe considerarse como universal. Como es propio de su naturaleza, se presenta sin garantía sobre su validez prolongada o calidad interina. Las marcas registradas mencionadas se hacen sin consentimiento por escrito y de ninguna manera pueden considerarse un respaldo por parte del titular de la marca.

Introducción

¡Felicidades por descargar Manejo de la Ira y gracias por hacerlo! La ira es parte de las emociones humanas diseñada para advertirnos sobre ciertas situaciones. Esta emoción puede resultar de la frustración, el estrés, la pérdida, la falta de respeto, las malas relaciones, la pobreza, etc. La ira puede asustar a cualquiera, especialmente si se vuelve abrumadora y no se maneja, ya que puede hacer que una persona actúe irracionalmente. En la mayoría de los casos, nos han enseñado que la ira es una emoción peligrosa y debe ser evitada. Sin embargo, es muy desafiante evitar la ira en esta vida porque hemos experimentado ciertas cosas que nos hacen ofensivos o defensivos y alertas.

La ira es un fenómeno natural, pero cómo reaccionamos ante ella es una elección. Nuestras reacciones son voluntarias o involuntarias. La ira incontrolada puede ser peligrosa—impide la capacidad de toma de decisiones de un individuo, daña relaciones, destruye carreras y tiene otras consecuencias adversas. Por lo tanto, es esencial que uno comprenda la ira y las formas en que puede manejarla. El manejo de la ira es la capacidad de prevenir o controlar la ira con éxito para que no conduzca a problemas.

Con este fin, este libro discutirá la ira, sus efectos y las prácticas que una persona puede aplicar para manejar la ira. La información que encuentres en este libro se puede practicar tan pronto como una persona lo desee. El primer capítulo cubrirá la introducción a la ira, la expresión de la ira, la comprensión de la ira y la ira inteligente, entre otros. Los capítulos 2 y 3 cubrirán las causas, señales y síntomas de la ira y la ira no gestionada. Los capítulos 4, 5 y 6 tratarán el costo de la ira, la ira y la salud mental, y la elección de manejar la ira. Los capítulos 7, 8 y 9 hablarán sobre los pasos para manejar la ira de manera efectiva, la gestión de la ira y la comunicación, y las formas de seleccionar un buen programa de gestión de la ira. Los capítulos 10, 11 y 12 cubrirán el uso de técnicas de gestión de la ira, las recaídas y la medicación. Finalmente, el capítulo 13 resumirá las técnicas de gestión de la ira.

Capítulo 1: Ira

En algún momento u otro, todos se sienten enojados. En algunas ocasiones, las personas lo perciben como un fastidio temporal, mientras que en otras, lo experimentan como una ira plenamente desarrollada. La ira es una parte normal de la vida humana, y es saludable. La emoción nos ayuda a discernir momentos en los que nos sentimos ofendidos, cuando las cosas no están funcionando como planeamos o esperamos. Nos brinda una forma de expresar sentimientos negativos y nos motiva a encontrar soluciones para los desafíos.

Aunque la ira es buena y saludable, puede ser destructiva cuando se sale de control. Pueden surgir problemas en el trabajo, en las relaciones y en la calidad de vida en general. La ira incontrolada puede hacer que uno sienta que está a merced de una emoción poderosa e impredecible. Por lo tanto, muchas personas buscan maneras de controlar la ira.

La intensidad del estado emocional de la ira varía desde leve hasta completa rabia y furia. Cambios físicos y psicológicos la acompañan. Por ejemplo, cuando uno está enojado, la frecuencia del latido del corazón cambia; la presión arterial aumenta; los niveles de energía cambian, dependiendo de la situación; y las hormonas, la adrenalina y la noradrenalina se alteran.

La ira puede surgir de eventos internos o externos. Por

ejemplo, uno puede estar enojado debido a un embotellamiento, la falta de poder hacer algo en particular, la cancelación de un vuelo, el acoso, la pérdida, la humillación, etc. Internamente, la ira puede surgir porque uno siente que se está preocupando o rumoreando demasiado sobre problemas personales, está frustrado debido a un fracaso, etc. Los sentimientos de ira también surgen por cosas que le ocurrieron a una persona en el pasado—por ejemplo, eventos traumáticos durante la infancia. La ira generalmente se caracteriza por el conflicto hacia una persona o una cosa debido a una acción particular injusta hecha hacia la persona.

Patrones de Pensamiento Negativos

Típicamente, la ira tiene menos que ver con el evento inmediato y más que ver con nuestra reacción hacia el evento. Patrones de pensamiento negativos específicos a menudo preceden a un estallido de rabia. Estos patrones incluyen:

Sobregeneralización - Este patrón ocurre cuando uno está atrapado en el pensamiento en blanco y negro. Él/Ella solo piensa en lo que es visible de inmediato. Las personas atrapadas en este patrón tienden a usar palabras como 'nunca' y 'siempre.' Sobregeneralizar hace que una situación parezca peor de lo que realmente es.

Culpar - Culpar implica que una persona afirma que las emociones o eventos negativos son culpa de otra persona. En la mayoría de los casos, una persona acusa a la otra cuando intenta evitar la vergüenza o la responsabilidad.

Lectura de mente - Esto implica que una persona se convenza de que la otra le está lastimando intencionalmente.

La persona puede imaginar hostilidad donde no la hay. Las personas enojadas verán peligro donde no lo imaginarían en circunstancias normales.

Rigidez - Esto ocurre cuando uno no puede reconciliar los eventos que están sucediendo con lo que imaginaba. Por ejemplo, uno puede haber asumido que llegará a la oficina a las 8 a.m., pero un embotellamiento de tráfico se lo impide. En lugar de aceptar que llega tarde, una persona enojada se enojará y probablemente permanecerá en un estado de mal humor durante un período prolongado.

Recogiendo pajas - Esto implica un escenario donde una persona enojada cuenta mentalmente cosas en un intento de justificar su enojo. En consecuencia, la persona permitirá que una serie de pequeños incidentes se acumulen en su cabeza hasta que se rompa la última paja.

Desafiar estos pensamientos puede ayudar a una persona a reducir la ira.

Expresión de ira

Las personas utilizan diferentes formas de expresar la ira. La forma más intuitiva y natural de expresar la ira es la agresión. La mayoría de las personas reaccionan agresivamente hacia las personas o cosas que les enojan. Esto se debe a que la ira está diseñada para ayudar a los seres humanos a responder a amenazas y ciertas situaciones indeseadas. Como tal, la emoción inspira poder/fuerza, lo cual generalmente se manifiesta como agresión, especialmente si el individuo carece de conocimiento sobre cómo controlarla. Estos sentimientos y comportamientos nos permiten defendernos, luchar y encontrar soluciones para nuestros desafíos. Por lo tanto, podemos decir que un cierto nivel de ira es necesario para la supervivencia humana.

Sin embargo, no podemos responder a cada persona y cosa de manera agresiva o física solo porque estamos enojados. Existen normas sociales, leyes y lógica que limitan la forma en que nos comportamos en ciertas circunstancias. La situación y las circunstancias (personas involucradas, tiempo, lugar, razón, etc.) determinan la forma en que reaccionamos. Por ejemplo, en un entorno de oficina, sería difícil desquitarse con el jefe incluso si está pisando los pies de cada otra persona. También sería difícil hablar con los abuelos como queramos solo porque estamos enojados.

Las personas utilizan tanto procesos inconscientes como conscientes para lidiar con su ira. Hay tres enfoques principales denominados suprimir, expresar y calmar. Las investigaciones muestran que la mejor (más saludable) manera de afrontar la ira es mostrar la emoción de manera asertiva y no agresiva. Para expresar adecuadamente la ira de forma asertiva, uno necesita aprender cuáles son sus necesidades y comunicarlas claramente sin herir a los demás. La asertividad no significa ser insistente o exigir demasiado; preferiblemente, significa hacer las cosas de una manera que sea respetuosa con los demás.

También se puede suprimir la ira, luego convertirla o redirigirla hacia algo positivo. La supresión de la ira ocurre cuando se contiene la ira, se evita pensar en ella y se enfoca en algo agradable. La esencia de la supresión es inhibir la ira y convertirla en cosas constructivas. Sin embargo, hay un desafío que ocurre con la supresión de la ira si no se maneja bien. Si falta una expresión exterior, uno podría dirigir la ira hacia adentro y culparse a sí mismo. La ira reprimida se ha identificado como una causa subyacente de la depresión y la ansiedad. La ira no expresada puede interrumpir las relaciones, afectar los patrones de comportamiento y el pensamiento, y también crear una variedad de problemas físicos. La ira que se dirige hacia adentro puede llevar a la hipertensión arterial, la hipertensión y la depresión.

La ira no expresada también conduce a otros problemas. Una posible consecuencia de la rabia es la expresión patológica de la emoción, por ejemplo, a través de un comportamiento pasivo-agresivo o una personalidad que es ordinariamente hostil o cínica. El comportamiento pasivo-agresivo se refiere a los patrones de vengarse continuamente de las personas de manera indirecta sin decirles la razón. Las personas con comportamiento pasivo-agresivo evitarán la confrontación. Las personas que les gusta criticar todo, menospreciar a los demás o hacer comentarios cínicos de vez en cuando no han aprendido formas de lidiar con la ira de manera constructiva. Como tal, estas personas son menos propensas a tener relaciones exitosas.

Calmarse es la forma más exitosa de lidiar con la ira. Calmar el interior significa que uno no solo controla el comportamiento exterior, sino también las respuestas internas. Las técnicas de calmado permiten reducir la frecuencia del latido del corazón y otros cambios físicos y dejar que los sentimientos se calmen. Cuando uno no puede utilizar ninguna de las tres técnicas (expresar, suprimir o calmar) de manera constructiva, entonces la ira se vuelve perjudicial.

Otros Métodos de Expresión de la Ira

Cómo expresamos la ira determina nuestra salud y el bienestar de las personas que nos rodean. Por lo tanto, es vital entender las diferentes formas en que se muestra la ira y cómo podemos elegir mejores habilidades de expresión.

Aparte de la expresión principal, los métodos de supresión y de calmarnos, hay otras maneras que las personas utilizan para mostrar su descontento. Estas incluyen:

Agresión abierta - La agresión abierta implica una situación en la que se expresa ira a través de acciones y palabras, más a menudo a través de la culpa, la intimidación, la explosividad y la rabia. El desafío con estas técnicas es que hay altas probabilidades de causar daño a la otra persona. De hecho, el objetivo principal de las personas que utilizan esta opción es causar daño a la otra persona (intimidando a los demás). Al final, todos los involucrados en la situación experimentan luchas de poder recurrentes.

Agresión pasiva - En esta opción, la persona no se basa en la hostilidad abierta; en su lugar, prefiere utilizar un sabotaje sutil para frustrar a los demás o vengarse. Generalmente implica no hacerle un favor a alguien por el deseo de irritarlo. La similitud entre el agresor abierto y el agresor pasivo es que ambas personas compiten por la superioridad. Ambas situaciones perpetúan una tensión no deseada y suelen generar relaciones poco saludables. Como tal, la elección de la agresión pasiva resultará en otro conflicto indeseable.

La ira asertiva - La expresión de la ira típicamente involucra palabras y acciones que muestran respeto y dignidad hacia todos en la situación. Las personas que utilizan este estilo entienden que el tono de voz empleado en cualquier situación creará una atmósfera positiva o negativa. Esencialmente, no siempre es fácil para uno expresar la ira de manera asertiva, pero con autodisciplina y mucho respeto, es manejable. Recuerda que la ira asertiva no es agresiva ni insistente; en cambio, es fuerte y respetuosa. Expresar la ira con confianza es una opción muy constructiva y reduce la tensión en cada relación.

Dejar ir la ira - Esta opción es casi similar al estilo de calmarse. La persona enojada acepta que los otros métodos de expresar ira no funcionarán y por lo tanto elige dejar el asunto pasar. Normalmente, las personas que optan por la ira asertiva son las que deciden soltarla. Las personas agresivas quieren llevar la pelea hasta el final, pero las personas asertivas buscan maneras de resolver conflictos con la menor cantidad de altercados. Dejar ir la ira no es fácil, e incluye acomodar las diferencias y elegir perdonar incluso sin recibir una disculpa.

En conclusión, muchas ocasiones en la vida generan enojo todos los días. Como tal, es difícil manejar la ira utilizando solo una opción. Sin embargo, con práctica, podemos elegir y mantener una opción de expresión de enojo que mejore el bienestar de todos a nuestro alrededor.

Entendiendo la Ira

La ira también se refiere como furia, cólera o rabia. Es una emoción que no debe subestimarse. Ocurre con frecuencia para algunas personas y raramente para otras, pero en la mayoría de los casos, sus consecuencias son muy perjudiciales. La ira es una experiencia natural para muchas personas, y a veces, todos tienen razones válidas para enojarse o enfurecerse. Si alguien dice algo que se siente injusto para el otro, entonces podría haber una razón convincente para enojarse.

La principal causa de la ira es el entorno en el que uno pasa tiempo. Los problemas financieros, el estrés, la mala situación social y familiar, el abuso y otros requisitos abrumadores de tiempo y energía pueden contribuir a la aparición de la ira.

Los trastornos de la ira podrían ser prevalentes en personas que provienen de familias con los mismos desafíos, similar a la forma en que las personas son más propensas al alcoholism si crecieron en familias con el trastorno. La capacidad del cuerpo para lidiar con ciertas hormonas y sustancias químicas y la genética también juegan un papel en la forma en que uno maneja la ira. Si el cerebro de un individuo no reacciona de manera saludable a la serotonina, él/ella podría encontrar más difícil gestionar las emociones.

La ira toma diferentes formas en diferentes personas; por ejemplo, algunos permanecerán enojados por un período prolongado debido a un evento que ocurrió hace mucho tiempo, pero no harán nada serio a partir de la emoción. Otros pueden estar durante un período muy largo sin enojarse, pero una vez que lo hacen, se manifiestan en explosivas crisis de rabia.

Independientemente de la forma que adopte la ira, cualquier emoción descontrolada afectará el bienestar emocional y la salud física del individuo. Según investigaciones, la ira y la hostilidad descontroladas aumentan las probabilidades de desarrollar enfermedades coronarias y empeoran las situaciones para las personas que sufren de enfermedades del corazón. La ira también provoca problemas relacionados con el estrés, como insomnio, dolores de cabeza y problemas digestivos. La ira también puede resultar en comportamientos arriesgados y violentos, incluyendo peleas y abuso de drogas y sustancias. Además, la ira puede causar daños significativos a las relaciones en las familias, entre amigos y con colegas.

Fisiología de la ira

Como cualquier otra emoción, la ira tiene efectos en nuestras mentes y cuerpos. Los científicos han encontrado una serie de eventos biológicos que ocurren a medida que nos enojamos. Según investigaciones, las emociones tienden a comenzar dentro de nuestros cerebros en dos estructuras con forma de almendra llamadas la amígdala. La amígdala es responsable de detectar las cosas y situaciones que amenazan nuestro bienestar, por lo tanto, activa una alarma para que nos defendamos. Una vez que suena la advertencia, tomamos las medidas necesarias para proteger nuestros intereses. Esta sección del cerebro es tan útil que nos lleva a actuar antes de que podamos pensar con claridad.

La parte cortical del cerebro es responsable del juicio y el pensamiento, por lo tanto, se encarga de verificar la razonabilidad de una reacción antes de que se lleve a cabo. Cuando estamos enojados, la corteza no actúa lo suficientemente rápido. En términos simples, el cerebro está diseñado para influir en nuestros actos antes de que podamos considerar las consecuencias de nuestras acciones. Sin embargo, esto no debería ser una razón para que nos comportemos de manera incorrecta; podemos aprender a controlar los impulsos agresivos con el tiempo y la paciencia. La gestión adecuada de la ira es una habilidad que uno debe elegir aprender; no es algo con lo que las personas nacen instintivamente.

A medida que te enojas, los músculos de tu cuerpo se tensan. En el cerebro, se libera un neurotransmisor químico conocido como catecolamina, lo que resulta en una experiencia de explosión de energía que dura hasta varios minutos. Esa explosión de energía es la razón principal por la cual la ira se acompaña de un deseo inmediato de tomar acción protectora. Al mismo tiempo, la frecuencia cardíaca se acelera, la presión arterial aumenta y la tasa de respiración se incrementa. Algunas personas experimentan rubores en la cara a medida que el aumento del flujo sanguíneo llega a las extremidades y miembros mientras el cuerpo se prepara para la acción física.

En el momento de la ira, la atención de una persona se vuelve estrecha y se cierra en el objetivo. Pronto, uno es incapaz de prestar atención a cualquier otra cosa. Rápidamente, se liberan hormonas adicionales, especialmente la adrenalina y la noradrenalina, así como neurotransmisores en el cerebro, lo que desencadena un estado completo de excitación. En ese momento, uno está listo para pelear.

Dado que el cuerpo tiene un proceso de preparación cuando uno está enojado, también tiene un proceso de relajación. Una vez que la fuente de nuestra amenaza ya no es accesible, o la amenaza inmediata ha desaparecido, comenzamos a relajarnos y a volver a nuestro estado de reposo normal. Es difícil relajarse cuando ya estás en un estado de ira. La excitación que resulta de la liberación de adrenalina dura mucho tiempo. Para algunas personas, la excitación puede durar unas pocas horas, mientras que otros la experimentan durante un día o más. Ese estado prolongado de excitación facilita que uno se enoje rápidamente de nuevo, incluso después de que la situación inicial ha desaparecido. Toma mucho tiempo volver a un estado de reposo completamente normal. Durante el lento proceso de enfriamiento, es más probable que uno pierda la paciencia en respuesta a una pequeña irritación que no nos molestaría.

Esta excitación persistente también interfiere con nuestra memoria, y por eso olvidamos los eventos que ocurrieron durante el estallido. La persistencia nos mantiene listos para más ira. No podemos desafiar la excitación porque es esencial para la funcionalidad del cerebro. Sin la excitación, probablemente estaríamos eternamente somnolientos. Cualquier estudiante sabe que es casi imposible para uno captar nueva materia cuando está dormido. La excitación moderada mejora la memoria y ayuda al cerebro a aprender, desempeñarse y concentrarse. La forma de excitación que ocurre durante los momentos de ira es demasiado y, por lo tanto, dificulta el desarrollo de nuevos recuerdos. La pérdida de memoria es una de las desventajas de la ira descontrolada.

Ira Inteligente

Muchas personas buscan formas de lidiar con la ira porque la encuentran desagradable y, en la mayoría de los casos, resulta en implicaciones negativas. Lo que hacemos cuando estamos enojados determina muchas cosas en el futuro. Debido a que la mayoría de la ira termina con consecuencias negativas, tendemos a asumir que la ira es mala. Muchas personas han sido enseñadas que la ira es una emoción peligrosa que debe ser ignorada o reprimida por todos los medios. En la mayoría de los casos, se desanima a la mujer a mostrar ira porque se define como poco femenina. Las culturas nos han enseñado que la ira es una muestra de arrogancia. También hemos observado a personas enojarse y hemos visto lo que terminan haciendo.

Debido a que la ira implica dolor y confusión, puede llevar a acciones que causan problemas. Como tal, elegimos centrarnos en formas de suprimir, evitar o minimizar la ira. Es raro encontrar a alguien que vea la ira como una emoción placentera y satisfactoria. La mayoría de nosotros la vemos como un problema, algo de lo que deberíamos deshacernos.

Sin embargo, la ira tiene un propósito en nuestras vidas y es útil. El dolor emocional puede parecer innecesario en nuestras vidas, pero, al igual que el dolor físico, cumple un papel vital en nuestras vidas. Si te quemas un dedo, te alejarás de la cosa que lo está quemando y le darás tiempo para sanar. De manera similar, emociones como la ira nos envían un mensaje.

En particular, la ira nos advierte que algo está mal y que debemos levantarnos, encontrar soluciones y superar los obstáculos. Es cierto que nuestras acciones cuando estamos enojados pueden resultar en arrepentimientos. Actuar de manera agresiva no es algo inteligente, ya sea que tengamos justificación para estar enojados o no. Nos sentimos mal después de un estallido. Típicamente, cuando estamos en peligro, nuestros cuerpos están diseñados para actuar antes de pensar críticamente; por lo tanto, podemos ser bastante irracionales cuando estamos en peligro. Sin embargo, no tenemos que estar fuera de control cuando estamos enojados. Es posible que uno piense con claridad, analice y entienda la situación provocadora. Entonces, podrá usar la emoción como motivación para iniciar un cambio positivo.

Hay dos errores que la gente comete cuando se trata de la ira. O intentan ser felices en la situación dolorosa o tratan de ignorar el sentimiento por completo. Sin embargo, aceptar y abrazar la utilidad de la ira mejora la capacidad de pensar y actuar mientras se está emocional. Aunque pueda parecer contradictorio, el deseo de sentirse enojado al enfrentar un conflicto te ayudará a entender y gestionar tus emociones y situaciones.

Normalmente, todos queremos sentirnos bien y evitar cualquier sentimiento negativo, pero en algunos casos, los sentimientos desagradables son muy beneficiosos. Es importante experimentar emociones que sean congruentes con nuestras circunstancias, incluso si no son agradables. De mayor valor es la capacidad de entender y manejar las emociones. Una buena capacidad para manejar las emociones está relacionada con un mejor bienestar físico y emocional.

El problema con la ira es distinguir la forma útil de la que no lo es. Aferrarse al resentimiento mucho tiempo después de que la situación que provocó la ira ha desaparecido conduce a una mala ira. Tal ira solo nos hará vulnerables a más ira.

¿Cómo entonces identificamos y aplicamos la ira útil de manera inteligente? Primero, asume que estás equivocado sobre la situación; tu razón para estar enojado no es válida. Respira, cuenta y respira hasta que te sientas racional. Controlar la ira no significa que la reprimas. Además, no tomes acciones que puedan amplificar tu ira. Por ejemplo, no te concentres en exceso en la persona o cosa que te provoca enojo. Busca una distracción. Luego, analiza los eventos. ¿Te está haciendo bien la ira? ¿Qué mensaje está intentando transmitirte? ¿Te están advirtiendo sobre injusticia, falta de respeto o pérdida? ¿Te está motivando a encontrar una solución a una situación en el trabajo? ¿Miras tu pasado? ¿Ayudas a las personas que te rodean o a un grupo particularmente desfavorecido? Cuando dejas de alejar la buena ira, podrás tomar decisiones sobre tus respuestas a la vida.

Capítulo 2: Causas de la ira

Rabia a una Edad Temprana

Desde una edad muy temprana, las personas experimentan esta emoción fundamental llamada ira y aprenden a expresarla dependiendo de las personas que ven a su alrededor. Los niños pequeños expresarán ira en función de lo que copian de los adultos y de la recompensa que obtienen por ello. En general, el mundo tiene una relación incómoda con la expresión de la ira—por lo tanto, crecemos pensando que está mal expresar la ira directamente. Se nos enseña que la ira es una emoción peligrosa en todo momento y que no debe ser tolerada. En consecuencia, la mayoría de nosotros aprendemos a ignorar/suprimir la ira, a desconfiar del sentimiento, a reprimir todo y a utilizarla solo de maneras muy indirectas. El peligro de ignorar la ira es que solo se acumula dentro de nosotros y explota en un momento u otro.

Es cierto decir que la ira puede ser muy destructiva cuando no se maneja adecuadamente, pero tiene una lista de ventajas. Cuando se utiliza bien, la ira se convierte en más que una simple fuerza destructiva.

La ira es una parte muy importante de los instintos de autodefensa y autopreservación. Si fuera imposible enojarnos, sería difícil defendernos. Las personas nos ofenderían una y otra vez y no haríamos nada al respecto.

Por lo tanto, es muy importante que aprendamos las formas a través de las cuales podemos expresar la ira de manera efectiva. Existen estrategias saludables y socialmente respetuosas que se pueden utilizar para expresar los sentimientos de ira. Es importante expresar estos sentimientos de manera controlada para preservar nuestras relaciones, salud y empleabilidad.

Ira a Través de las Generaciones

La ira puede ser transmitida de una persona a otra en una familia. Sin embargo, falta evidencia sustancial que muestre que la ira puede ser heredada a través de los genes. Solo se aprende o se adquiere. Las personas piensan que la ira es genética porque pueden recordar a alguien en la línea familiar que era bastante enojado e irritable—tal vez un padre, abuelo u otro pariente. La ira es un comportamiento adquirido que se mantiene con la práctica. La única excepción es la ira que ocurre debido a otros trastornos mentales y enfermedades.

La familia determina cómo se expresan las emociones como la felicidad, la tristeza, el miedo, la ira, etc. Si la ira no fue manejada adecuadamente por los abuelos, es probable que los padres estén enojados y también los niños. Tenga en cuenta que no hay padres perfectos. Cada persona tiene defectos, y los padres también. Existen defectos heredados por sus padres de sus propios padres, y probablemente usted recogerá algunos de ellos, involuntariamente. La ira se transmite hasta cierto punto de generación en generación. Depende de usted reconocer los comportamientos que preferiría no transmitir a sus hijos. Deje de lado los hábitos dañinos y perjudiciales.

¿Cómo puedes proteger a tus hijos de heredar problemas de

manejo de la ira y otros hábitos incorrectos? Primero, ten en cuenta el hecho de que eres un modelo a seguir. Probablemente eres el primer y principal ejemplo del que tus hijos aprenderán algo, por lo tanto, mantente alerta. Si puedes aprender a romper los malos hábitos de manejo de la ira, entonces puedes romper la cadena. Lo esencial es cortar las cadenas incorrectas. Solo piensa en lo hermoso que sería si tu familia pudiera llevar una vida mejor; llena de éxito y tranquilidad.

Cuando los miembros de la familia se enojan, tómate un tiempo para hablar con ellos sobre sus sentimientos. Ten en cuenta que la ira rara vez es el sentimiento principal. Busca señales de depresión, miedo, ansiedad, tristeza u otras emociones raíz. Cuando los niños manejan su ira de manera positiva, recompénsalos. Si no lo hacen, habla con ellos y si el problema continúa, busca ayuda profesional. Para ayudar a tu familia:

- Busca maneras apropiadas de comunicarte con tu pareja, hijos y otros familiares; la comunicación asertiva puede ayudar.
- Siempre maneja tu ira sin importar la circunstancia.
- Educa a tus hijos sobre la ira.
- Discute los mejores métodos para manejar la ira en la familia.
- Participar en terapia familiar y formular un plan de manejo de la ira con los miembros.
- Para los miembros de la familia que aún tienen

desafíos, recomendar terapia individual para la ira.

Adquisición de estilos de ira

Todo el mundo nace con la emoción de la ira, pero nadie nace con ira agresiva y crónica. Generalmente, todos responderán a una situación abusiva o frustrante de la manera que consideren más viable, pero se basa en los hábitos que aprendieron. Por ejemplo, las personas que crecieron en hogares violentos tienen más probabilidades de tener algunas formas inapropiadas de manejar situaciones frustrantes. Las personas que crecieron en hogares donde la ira se manejaba adecuadamente tendrán más facilidad para tratar con los demás.

Los estilos de respuesta agresiva y la ira crónica se aprenden normalmente. Hay una variedad de maneras a través de las cuales se pueden aprender estilos de expresión de ira agresiva. Algunas personas adoptarán esos hábitos desde la infancia al observar el comportamiento de las personas mayores a su alrededor. Si los padres y las personas que les influyen son enojados, hostiles y hacen amenazas constantemente, entonces los niños adoptarán esos hábitos. Incluso si los niños no muestran estos hábitos a una edad temprana, es probable que los apliquen a una edad posterior, una vez que estén alrededor de personas a las que puedan intimidar. Notarás que estos niños tienen dificultades para mantener amigos y relaciones porque intimidan y menosprecian a los demás. Uno de los principales desafíos que enfrentan las personas que adquirieron ira desde una edad temprana es que podrían no darse cuenta de su problema de ira. Para ellos, la ira es solo una cosa normal que vieron mientras crecían.

Las víctimas de ira tienen un deseo de venganza y dominio; por lo tanto, sin duda desarrollarán problemas de ira. Si un niño pasó mucho tiempo en una situación abusiva, él/ella podría jurar nunca más ser vulnerable y hará lo que sea para lidiar con personas que representen una amenaza. Estos niños comenzarán a volverse hostiles hacia los demás basándose en la teoría de que 'una buena ofensa es la mejor defensa'. Esto explica parte del acoso escolar. Alternativamente, las personas heridas o abusadas pueden sobregeneralizar y buscar venganza contra un grupo entero de personas, mientras que solo es una sección de ellas la que les hizo daño. Un ejemplo de tal ira es cómo algunas personas tienen prejuicios contra todos los inmigrantes de algunos países que fueron enemigos de su país.

Otra forma en que las personas enojadas aprenden a ser agresivas y hostiles es a través de recibir un premio por ser un matón. Si alguien recibe respeto o parece infundir miedo en otras personas debido a sus acciones agresivas, entonces se siente motivado a continuar mostrando su ira. El comportamiento agresivo seguirá existiendo si la persona recibe un ascenso en su posición y estatus social.

Rabia y Género

Durante mucho tiempo, se ha supuesto que los hombres son más enojados que las mujeres. Se piensa que la ira es una emoción masculina y Marte está lleno de hombres iracundos y enojados. Se supone que las mujeres son más calmadas y elegantes; Venus está lleno de amor. En consecuencia, el mundo ha aceptado la ira en los hombres más que en las mujeres. La ira no es apropiada para una dama, pero para los hombres, representa poder y dominio. Algunas frases que apoyan la ira masculina incluyen 'Los hombres no lloran', 'no seas como una chica', etc. Como resultado, los hombres aprenden a suprimir sus emociones.

Las investigaciones han revelado que hombres y mujeres sienten ira y no hay diferenciación de género al respecto. Las mujeres se enojan tan intensamente y tan frecuentemente como los hombres. Incluso buscan ayuda para manejar la ira tantas veces o incluso más que los hombres. Los investigadores que encontraron diferencias en los niveles de ira también afirman que las mujeres son más enojadas que los hombres hasta cierto punto. Sin embargo, estas investigaciones no están calificadas.

La mayoría de las mujeres han informado que se enojan, gritan, se sienten molestos y pierden los estribos. Los hombres, por otro lado, afirmaron que prefieren mantener sus emociones. Se ven obligados a suprimirlas y solo actuarán cuando sean llevados al límite.

Otras investigaciones han revelado que, aunque no hay diferencia en la frecuencia de la ira según el género, las mujeres tienden a reflexionar sobre el problema que les enojó por más tiempo, informan episodios de ira más intensos y discuten su ira de manera más abierta. La razón para reflexionar sobre la ira por más tiempo es la intensidad. Las mujeres tienden a sentir las cosas más profundamente que los hombres, por lo que se extienden más sobre un tema. Nuevamente, las mujeres son más abiertas y, por lo tanto, discuten abiertamente las cosas que les irritan.

Las diferencias entre hombres y mujeres no se pueden ver en el término ira, pero son muy evidentes en la agresión. El sentimiento es casi similar, pero el comportamiento difiere. Los hombres son más propensos a involucrar acción física cuando están enojados que las mujeres. Esto permanece casi constante en el tiempo y la cultura porque se enseña a los hombres a ser duros. Por otro lado, las mujeres tienden a emplear modos de expresión de la ira efectivos e indirectos, como reclutar aliados, chismorrear, retirar afecto y llorar. A menudo interpretamos las reacciones de las mujeres como razonables, pero en realidad, es porque son superadas por los hombres; por lo tanto, jugarán con la mano que se les ha repartido. Las mujeres son más propensas a expresar ira hacia otras mujeres que hacia los hombres.

El género también puede influir en el tipo de ira que una persona típicamente posee. Las mujeres tendrán la forma de ira que muestra resentimiento, mientras que los hombres tendrán el tipo de ira que es vengativa. Las mujeres también son más propensas a expresar ira hacia sí mismas que hacia otras personas.

Rabia y Cultura

Como se mencionó anteriormente, no siempre podemos expresar la ira como queremos. La circunstancia y las personas involucradas determinan las formas en que resolveremos nuestros problemas. Las normas sociales determinan cómo respondemos a las personas con las que estamos enojados, independientemente de la emoción. Las culturas tienen diferentes reglas sobre la expresión de la ira. Hay reglas de expresión en cada comunidad que determinan las formas en que uno puede expresar la ira de manera apropiada. Las investigaciones han revelado patrones en las reglas de expresión entre las culturas individualistas y colectivistas.

Las culturas individualistas abogan por la autoexpresión y la independencia. Sus reglas sobre la expresión de la ira establecen que es más apropiado:

1. Minimiza la expresión de ira en lugar de eliminarla por completo.
2. Muestra tu ira a amigos y familiares en lugar de a extraños. Las personas en culturas individualistas tienden a cambiar entre grupos; por lo tanto, consideran más importante mantener relaciones con personas que no conocen que con familiares y amigos. Estas personas también dependen menos de un solo grupo de interacciones sociales.

Las culturas colectivistas priorizan la cohesión del grupo y la cooperación. Sus normas sobre la expresión de la ira establecen que es más apropiado:

1. Mantente en armonía. La armonía es importante; por lo tanto, debes ocultar la ira para mantenerla. Las personas pueden no mostrar emoción alguna o enmascarar su ira con otras cosas.
2. Expresa tu ira a extraños en lugar de a familiares o amigos. Algunos mecanismos de afrontamiento de la ira pueden ser apoyados por una comunidad y desalentados por otra, y como tal, uno debería considerar su cultura al buscar ayuda para el manejo de la ira.

Poblaciones Afectadas por la Ira

La ira puede afectar a cualquier persona sin importar la edad, el género o la etnia. La ira, en la mayoría de los casos, es alimentada por nuestras creencias y nuestra exposición. Si somos expuestos a la ira a una edad temprana, o si las creencias que se nos inculcan no son racionales, entonces es más probable que seamos afectados por esta emoción.

Adultos

La ira en los adultos normalmente afecta la carrera y la vida familiar. Un desafío que está motivando extensamente a los adultos a buscar ayuda para la gestión de la ira es la vida laboral. Existen herramientas preventivas y correctivas de ira disponibles para que las personas puedan enfrentarse al estrés y la ira derivados de problemas laborales. Por ejemplo, las personas que trabajan con individuos con discapacidades mentales son propensas a experimentar estrés cuando tienen pacientes que no están mejorando. En consecuencia, tendrán problemas de ira. Se han desarrollado habilidades de gestión de la ira para ayudar a tales cuidadores (por ejemplo, aquellos que trabajan con personas con demencia) a enfrentar los sentimientos de frustración que pueden llevar a la ira. Otros programas de gestión de la ira están diseñados para ayudar a las parejas que tienen desafíos en la gestión de la ira.

Niños y Adolescentes

La capacidad de un niño para entender sus emociones y cómo reaccionar en situaciones particulares puede determinar en gran medida la forma en que expresa la ira. Compartir con los niños pequeños las formas apropiadas de expresar la ira puede ser de gran ayuda para que ellos reaccionen ante situaciones. Algunos programas de manejo de la ira que se enfocan en el comportamiento cognitivo han sido modificados para adolescentes y niños más pequeños. Tres tipos comunes de terapia cognitivo-conductual han sido diseñados para jóvenes, y estos incluyen el desarrollo de habilidades para la vida, la educación efectiva y la resolución de problemas. Las habilidades para la vida se centran en la empatía, la comunicación, la asertividad, etc., y utilizan la modelación para enseñar reacciones ante la ira.

La educación efectiva presta atención a los sentimientos de ira y relajación. La resolución de problemas ayuda al paciente a ver la causa y el efecto de la situación en lugar de permitir que la ira domine. Algunos factores considerados al seleccionar una terapia para niños y adultos incluyen la edad, la socialización y la gravedad del desafío de la ira. Para los niños, la terapia de manejo de la ira puede hacerse más divertida al incluir actividades más atractivas para ellos. Los adolescentes pueden beneficiarse más de las sesiones de terapia si se les ayuda en su entorno social natural.

La terapia de manejo de la ira seleccionada para niños y adolescentes debería tener una intensidad que coincida con las acciones. Por ejemplo, si un adolescente tiene estallidos de ira severos en clase, debería tener sesiones más largas con el terapeuta de la escuela. Algunas reacciones de ira más severas podrían requerir acciones drásticas, como sesiones de manejo en una instalación correccional juvenil.

Individuos con Discapacidad Intelectual

Las personas con discapacidades intelectuales pueden tener desafíos con la gestión de la ira. Dependiendo del individuo y del entorno, hay ciertas estrategias que se utilizan para minimizar la agresión de tales personas:
1. Las estrategias reactivas están dirigidas a minimizar el impacto de comportamientos excesivamente agresivos. Un terapeuta puede

usar protocolos establecidos como el aislamiento forzado en el momento de la ira.

1. La gestión de contingencias se centra en reformar el comportamiento mediante algunas formas de castigo y refuerzo.

1. Las intervenciones ecológicas suelen utilizar el entorno para provocar un efecto calmante en la persona enojada.

1. La programación positiva normalmente enseña habilidades de reacción positiva en lugar de agresión.

Criminales violentos

Los criminales violentos son propensos a la ira debido a su entorno. A veces, encarcelarlos empeora aún más la situación porque la mayoría de los centros de incineración están descontrolados. Normalmente, los criminales violentos necesitan agresión para salirse con la suya. Por lo tanto, despliegan ira para anular la naturaleza humana natural-racional.

Abusadores de sustancias

Los abusadores de alcohol y drogas tienen un mayor riesgo de enojarse y no poder manejarlo. Si una persona enojada no puede controlar ciertos aspectos de su vida bien, el riesgo de enojo aumenta.

Trastorno de Estrés Postraumático

El trastorno de estrés postraumático suele dar lugar a dificultades en el manejo de la ira. Las personas con lesiones cerebrales también enfrentan dificultades con el manejo de la ira, especialmente si se ve afectada la parte del cerebro responsable de las reacciones impulsivas.

Capítulo 3: Signos y Síntomas de Problemas Relacionados con la Ira

Antes de que uno pueda aprender las técnicas para manejar la emoción de la ira, necesita aprender las manifestaciones de la ira. Hay una necesidad de responder preguntas como: "¿Cuáles son las indicaciones de que estoy enojado? ¿Qué lugares, personas y eventos me hacen enojar? ¿Cuál es mi reacción cuando me siento enojado? ¿Cómo afectan mis acciones a los demás?" Obtener las respuestas correctas a estas preguntas toma tiempo y atención. Es posible que una persona descubra más de una cosa que le haga enojar. En el proceso, uno identificará algunos de los signos que aparecen cuando se presenta la ira. Estas respuestas son generalmente el comienzo del plan de manejo de la ira. Ayudarán a uno a elaborar un plan valioso que ayudará a manejar la ira.

La ira se manifiesta de diferentes formas, y mientras algunas personas son capaces de controlar la emoción, otras no lo son. Algunas personas tienen dificultades para tomar control de su ira y algunas la experimentan fuera del rango humano normal. Esta ira que se muestra fuera del rango emocional normal puede presentar diferentes tipos de trastornos. Algunas de las formas de ira más aceptadas incluyen ira crónica, ira abrumadora, ira pasiva, ira autoinfligida, ira volátil e ira crítica.

La ira crónica - Esta forma de ira es prolongada y normalmente tiene un impacto en el sistema inmunológico. También se ha relacionado con ciertos tipos de trastornos mentales.

Rabia abrumadora – Esta es una forma de ira que surge cuando las demandas de la vida son demasiado para que una persona las enfrente.

Ira pasiva - Esta forma de ira no siempre se manifiesta como ira y, por lo tanto, puede ser difícil de identificar. A veces, las personas que experimentan ira pasiva ni siquiera se dan cuenta de que están enojadas. En la mayoría de los casos, la ira pasiva se mostrará como apatía, sarcasmo y maldad. Una persona que experimenta ira pasiva participará en patrones de comportamiento autodestructivos, como alienar a la familia y amigos, faltar a la escuela y al trabajo, y rendir mal en situaciones sociales y profesionales. Para los de afuera, estos patrones de autolimitación parecerán intencionales, aunque la persona afectada no se dé cuenta de la causa y el efecto. La ira pasiva puede ser difícil de reconocer porque a menudo se reprime. La consejería puede ayudar a identificar la emoción que desencadena las actividades de autolimitación y sacar a la luz los asuntos subyacentes para que puedan ser tratados.

Rabia agresiva - Las personas que son propensas a la rabia agresiva suelen ser conscientes de sus sentimientos, aunque puede que no siempre comprendan la causa raíz de su comportamiento. En algunos casos, estas personas redirigirán los estallidos de ira hacia chivos expiatorios porque tienen dificultades para enfrentar el verdadero desafío. A menudo, la rabia agresiva se manifiesta como ira retaliativa o volátil y puede llevar a daños físicos a personas y propiedades. Aprender a identificar los desencadenantes y manejar los síntomas es importante para abordar la rabia agresiva de manera positiva.

Ira Crónica

Básicamente, la ira es una emoción diseñada para empoderarnos a encontrar medios constructivos de satisfacer nuestras necesidades y deseos. Sin embargo, las personas que han abrazado la ira crónica (a largo plazo) acaban siendo desempoderadas. Las personas con ira crónica ven el mundo a través de un filtro limitado a su emoción. Aquellos que sufren de ira crónica tienen una tendencia profundamente arraigada que es reactiva y apenas influenciada por la autorreflexión y el pensamiento. Normalmente, estas personas tienen una visión reducida, y sus reacciones son generalmente rígidas. En consecuencia, hay un poder disminuido en sus acciones. Las acciones de los individuos normalmente agotan la capacidad de las personas afectadas para satisfacer genuinamente sus deseos y necesidades.

La ira crónica tiene muchos rostros dependiendo del individuo en cuestión. Por ejemplo, algunas personas buscan pelear cuando están intoxicadas. Una persona entra a un bar; elige a alguien para dirigir su ira y comienza una pelea. Incluso si se le impide pelear en el bar y lo echan, elegirá a alguien que esté saliendo del bar y seguirá peleando. Normalmente, esto resulta en arrestos u otras consecuencias difíciles.

La ira crónica también es evidente en internet, ya que las personas dan opiniones predominantemente egoístas. Estas declaraciones hechas por ira perjudican la capacidad de ser abiertos, civilizados, compasivos y comprensivos. La ira crónica es una catarata que nublará nuestro juicio y visión.

No somos capaces de ver lo bueno en los demás e incluso en nosotros mismos. Nos hace pensar que los desacuerdos nos hacen menos humanos.

La ira crónica es en la mayoría de los casos persistente y se evidencia en relaciones, lugares de trabajo y otros segmentos de la vida. Muestra una vulnerabilidad continua a enojarse, así como una actitud regular de hostilidad. En la mayoría de los casos, la ira crónica se alimenta de heridas emocionales y mentales y cicatrices en las personas: las cosas que sucedieron en nuestro pasado y que no podemos superar. Estas heridas tienden a haber originado de la negligencia y el abuso físico y emocional anteriores. También pueden haber originado de amenazas y pérdidas en nuestras vidas recientes. Estas pérdidas pueden ocurrir en el empleo, la salud, las finanzas, el estatus social, económico, etc.

Mientras que algunas personas pueden señalar claramente la fuente de su ira, otras no pueden asociar su estado con sus heridas y miedos pasados. Las personas que no pueden vincular su estado actual con las cosas que les sucedieron en el pasado normalmente intentan negar sus sentimientos o minimizar el impacto de mirar lo que pasaron. A veces, el sentimiento de negación se debe a la vergüenza y la culpa. En la mayoría de los casos, se culpan a sí mismos por las cosas que los quebraron en un intento de ocultar su confusión e ira respecto a los eventos. De cualquier manera, la gravedad de las heridas sufridas en el pasado puede contribuir a un estado de hipersensibilidad y sobrerreacción porque cada asunto se siente como maltrato.

Muchas personas que han sido lastimadas en el pasado abrazarán el dolor crónico como una armadura mental con la intención de protegerse del sufrimiento. Este abrazo puede ocurrir intencionadamente o no. La ira crónica puede ser utilizada por una persona para evitar la autorreflexión, algo que se necesita para crear una identidad. La ira ayuda a uno a evitar preguntas como '¿quién soy y cuál es mi propósito?'. Sin hacer tal consideración, uno suscribirá a las creencias con las que creció. En consecuencia, no habrá tiempo para analizar el pasado y el estado actual de la ira. A menos que tengamos respuestas a preguntas que nos ayuden a construir nuestro propio carácter, seguiremos aferrándonos a la ira crónica. No desarrollaremos una personalidad compleja que resuene con la persona que somos y queremos ser.

La ira crónica nos deja reactivos, y tenemos una personalidad muy débil y así respondemos a cada drama de manera drástica. La falta de gustos, aversiones y deseos propios te deja en un estado predeterminado de reacción. Una persona también puede evitar construir una personalidad si siente que los roles y deberes impuestos por sus padres o la sociedad son inalcanzables. Esta postura a menudo es evidente en la actitud "No sé quién soy ni quién quiero ser, pero estoy seguro de que no me gustaría ser tú."

Otras personas abrazan la ira crónica en un intento de evitar asumir la responsabilidad de sus vidas. Generalmente, es más fácil culpar a otra persona o a una circunstancia por una cierta situación que asumir la responsabilidad. Culpar a alguien más ayuda a renunciar a todo el poder y control que él/ella podría haber utilizado para alterar la situación. Abrazar el dolor crónico ayudará a un individuo a evitar buscar alternativas, incluso cuando esté sufriendo.

Aferrarse a la ira a menudo está respaldado por la necesidad de protegerse de ser herido nuevamente. Mantener una ira a largo plazo nos ayuda a desarrollar una mentalidad de hipervigilancia, es decir, estamos constantemente en guardia, esperando que alguien nos ofenda. Esta mentalidad incluye la creencia errónea de que otras personas están buscando formas de hacernos daño, o que no deberíamos confiar en nadie. La mentalidad, entonces, obstaculiza la intimidad, y somos incapaces de invertir y compartir a un nivel emocional más profundo. Nuevamente, la falta de confianza contribuye a nuestra rapidez para evitar relaciones cercanas y contribuye a la incapacidad de perdonarnos a nosotros mismos y a los demás.

Al abrazar el dolor, algunas personas pueden ahuyentar el dolor del luto y el duelo. Evitan identificar y aceptar el dolor detrás del daño, un proceso que es importante para dejar ir las heridas. La incapacidad para dejar ir lo que sucedió en el pasado conduce a un tiempo congelado en el que uno ve que tiene oportunidades y opciones limitadas para cambiar las cosas. Como consecuencia, nos vemos obligados a centrarnos en el pasado de una manera negativa que oscurece la percepción del futuro.

Cualquiera que sea la razón que uno elija para abrazar la ira crónica, la emoción prolongada puede paralizarnos. La ira crónica promoverá un sentido de impotencia que solo llevará a más ira en un intento de sentirse poderoso. Esta ira prolongada también puede contribuir al abuso de alcohol y drogas y también al auto-desprecio. Las personas que sufren de ira crónica en la mayoría de los casos se aferrarán a culpar y odiar a otros por su miseria.

La ira crónica también puede significar otros trastornos como la depresión. También puede ser el resultado de otros trastornos. Al igual que la depresión, la ira crónica también conduce al pesimismo hacia el futuro. En consecuencia, una persona crónicamente enojada no se comprometerá con metas futuras que incluso podrían mejorar la vida. La ira crónica dificultará que una persona imagine el futuro sin ira. Uno ni siquiera puede imaginar un futuro que sea brillante, uno lleno de felicidad, realización y significado.

Una similitud entre la ira crónica y la procrastinación es que ambas hacen que uno se sienta protegido. La procrastinación protege a uno de la tensión de involucrarse en una actividad, mientras que la ira crónica congela a una persona en el tiempo, evitando así el futuro. Una persona con ira crónica identificará todo tipo de excusas para evitar enfrentar el futuro. Por ejemplo, en lugar de observar las cosas que influyen en su ira, él/ella explicará que otras personas no están enojadas porque lo tuvieron fácil en la vida.

La identidad de la ira crónica proviene mayormente del odio hacia otras personas que son diferentes a nosotros. En segundo lugar, la ira crónica se basa en la creencia de que no puedes alcanzar la felicidad mientras esas personas que odias estén aún en tu vida. Su presencia y existencia se sienten como un obstáculo. Esta mentalidad rígida otorga a otras personas demasiado poder sobre nuestras vidas y, al mismo tiempo, nos roba de todo lo bueno.

Al aferrarnos a la ira crónica, no logramos entender y darnos cuenta de las cosas que realmente necesitamos. Solo podemos identificar nuestros deseos clave cuando planteamos y reflexionamos sobre nuestra ira y reacciones. Un análisis cercano revelará las necesidades que hemos frustrado o amenazado. Podría ser un deseo de seguridad, confianza, respeto y seguridad. Tenga en cuenta que aferrarse a esa ira solo hace que sea más difícil satisfacer los deseos.

Hablando sinceramente, la vida es difícil. De hecho, la vida no es ni justa ni equitativa. Imagina a un veterano que perdió una extremidad mientras luchaba por la paz en el mundo. Este veterano tiene todo el derecho de estar enojado y amargado. Él/ella puede elegir permanecer en un estado abusivo, abusar de las drogas y quejarse sobre los fracasos del gobierno. Sin embargo, un buen número de ellos elige involucrarse en actividades constructivas como el deporte. Avanzan en la vida a pesar de sus pérdidas.

Aferrarse a la rabia solo te priva de una buena vida. Todos tienen desafíos, y la mejor opción que tienes es enfrentarte a los tuyos. Superar desafíos y heridas requiere una voluntad fortalecida. El cambio real no llega fácilmente; más bien, exige acciones serias ante el dolor. No importa si obtienes tu motivación de la fe, un recuerdo malo o bueno, o una recompensa en el futuro. Tienes que poner mucho esfuerzo para romper un hábito. Para dejar atrás la rabia crónica, necesitamos centrarnos en el futuro en nuestro comportamiento y pensamientos.

Es importante que exploremos la ira y las maneras de manejarla. A través de la consejería que incluye una profunda autorreflexión y la práctica de nuevas habilidades, permitiendo espacio para el luto y el duelo, y, en última instancia, haciendo las paces con el pasado, uno puede encontrar formas de hacer las paces con la ira. Manejar la ira puede requerir que cultives una voz de autocompasión que reconozca el dolor y el sufrimiento personal.

Independientemente de la persona que hemos llegado a ser y de la persona que creemos que somos, existe la posibilidad de que podamos desarrollar nuevos hábitos. Estos hábitos alterarán la forma en que nos relacionamos con nuestros sentimientos, pensamientos y comportamientos en términos de ira. Las estrategias de manejo de la ira nos ayudarán a llevar una vida que resulte en una mayor satisfacción.

Síntomas emocionales de problemas relacionados con la ira

Uno podría pensar que la explosión de ira es el único indicador de una incapacidad para lidiar con la emoción, pero hay muchos síntomas que muestran ira no gestionada. Algunos de los otros indicadores que muestran que uno no está manejando la ira de una manera saludable y efectiva incluyen irritabilidad constante, ansiedad, depresión, tristeza, resentimiento, rabia, entre otros. Una sensación constante de abrumamiento, problemas con la organización de pensamientos y sentimientos, y fantasías de que uno es mejor que los demás también podría indicar un trastorno de ira u otros problemas de ira.

Síntomas físicos de problemas relacionados con la ira

Hay indicadores físicos de ira, por ejemplo, palpitaciones del corazón, hormigueos, aumento de la presión arterial, fatiga, dolores de cabeza, mandíbulas apretadas, rechinar de dientes, dolor de estómago, mareos, temblores, sudoración, sensación de calor en la cara y presión en la cabeza.

Otros síntomas que podrían indicar un fallo en el manejo de la ira incluyen: comenzar a gritar y elevar la voz por asuntos que son pequeños, volverse sarcástico, elevar la voz, gritar y llorar, perder el sentido del humor, actuar de manera abusiva, etc.

Capítulo 4: Los Costos de la Ira

La ira tiene tanto procesos y consecuencias psicológicas como fisiológicas. Como tal, la ira puede tener un impacto negativo en el estado físico y emocional de la salud. La relación negativa entre la ira y las enfermedades del corazón ha demostrado ser cierta.

Costos de Salud

Presión arterial y enfermedad cardíaca

Los científicos han encontrado que hay una conexión directa entre el estado de ser constantemente competitivo, agresivo y enojado, y la enfermedad cardíaca temprana. Por ejemplo, estudios recientes muestran que los hombres que carecen de habilidades para manejar la ira tienden a tener más probabilidades de sufrir enfermedades cardíacas antes de alcanzar los 55 años en comparación con sus pares. Otro estudio reveló que es más fácil predecir con precisión la probabilidad de un ataque al corazón en hombres utilizando su calificación de hostilidad. La calificación de hostilidad se refiere a cuán irritable y hostil es uno hacia el otro. Es más fácil predecir un ataque al corazón a través de la calificación de ira que con otras causas como los niveles de colesterol, el consumo de tabaco, la ingesta de alcohol, etc.

La expresión de hostilidad y ira también se relaciona con la reactividad de la presión arterial y la hipertensión (presión arterial alta). En un estudio que analizó los efectos de la distracción y el acoso en hombres que intentaban realizar una tarea, solo los hombres que eran muy hostiles mostraron niveles de presión arterial aumentados y tasas de flujo sanguíneo más altas en los músculos. Los hombres con puntuaciones más bajas en la escala de hostilidad no mostraron los cambios fisiológicos mencionados anteriormente. Los hombres con niveles más altos de hostilidad también informaron de una irritación y ira más persistentes que aquellos con niveles más bajos. La evidencia de estos estudios y otros similares reveló que hay un alto vínculo entre la propensión a la hiperactividad fisiológica y la ira. Algunas personas tienden a excitarse fácilmente y permanecen estresadas por períodos más largos, lo que provoca daños acumulativos y significativos en sus cuerpos.

Numerosos estudios han revelado claramente que; tener hostilidad crónica constante, agresión y ira aumentará su probabilidad de desarrollar una serie de enfermedades cardíacas mortales y cinco veces la tasa normal. Cuanto más hostil seas, mayor será el riesgo de enfermedad cardíaca. Si descubres que pierdes los estribos cada vez que tienes que esperar mucho en la fila de una tienda de comestibles, o si el embotellamiento de tráfico te enfurece realmente, es importante que verifiques el daño que podrías estar causándote a ti mismo. La ira puede destruir lentamente tu vida o incluso matarte.

Tipos de personalidad y ira

Hay diferentes tipos de personalidad clasificados según

características únicas. Las personas crónicamente hostiles, irritables y enojadas normalmente se encuentran bajo la personalidad 'tipo A.' Las personas con personalidades más relajadas se clasifican como 'tipo B.' Estas clasificaciones fueron inventadas por los doctores Meyer Friedman y Ray Rosenman a finales de la década de 1950 como un medio para diferenciar entre los pacientes que tienen mayores posibilidades de padecer enfermedades cardíacas y los que tienen bajas posibilidades. Las personalidades 'tipo A' son más propensas a lograr un gran éxito profesional, pero tienden a mostrar más agresión y rasgos de personalidad competitiva. La personalidad tipo B tiende a enfocar la vida a través de un camino desenfadado. En consecuencia, las personalidades 'tipo A' son más propensas a sufrir ataques cardíacos que las 'tipo B.' Para ser específicos, las personalidades 'tipo A' muestran los siguientes rasgos: rapidez para enojarse, competitividad, reactividad explosiva, irritabilidad, impaciencia y hostilidad. Estos rasgos indican una alta probabilidad de enfermedad cardíaca.

En el lado positivo, las personas de personalidad 'tipo A' a menudo son muy decididas y motivadas para tener éxito. No permiten que nada se interponga en su camino cuando persiguen sus metas. Son enfocadas y, en consecuencia, siempre están apuradas. Estas personas carecen de paciencia con sus colegas y las personas a su alrededor, especialmente con aquellos de personalidad 'tipo B'. Las personalidades tipo A parecen ignorar a los demás, principalmente porque su mente está ocupada con otras cosas o están ocupadas con algo más. Estas personas también tienden a ser muy críticas y a criticar muchas cosas. A menudo se centran en las debilidades de otras personas, concentrándose en asuntos como la tardanza, la indiferencia, las malas habilidades de conducción, etc. Las personas de personalidad 'tipo A' tienden a enojarse con aquellos que consideran incompetentes o que tienen algunas deficiencias.

Fisiológicamente, los hombres en la categoría de personalidad 'tipo A' (más aquellos con altos niveles de hostilidad) muestran una respuesta del sistema nervioso parasimpático más baja en comparación con aquellos con un tipo de personalidad más relajado, tipo B. El sistema nervioso parasimpático se refiere a la parte del sistema nervioso que es responsable de calmarse durante momentos de ira. El sistema nervioso simpático (o SNS) es lo opuesto al sistema nervioso parasimpático, que provoca excitación durante momentos de ira. El sistema nervioso simpático es responsable de inundar el cuerpo con hormonas del estrés que causan excitación. Estas hormonas del estrés incluyen principalmente adrenalina y noradrenalina. El sistema nervioso parasimpático juega el papel de contrarrestar las hormonas de excitación al liberar acetilcolina, que neutraliza las otras hormonas, permitiendo que el cuerpo se relaje y se calme. Cuando un sistema nervioso parasimpático saludable responde, hace que el cuerpo trabaje menos, reduciendo así la carga sobre órganos como el corazón y las venas. Sin embargo, debido a que el sistema nervioso parasimpático de los hombres 'tipo A' es más débil de lo normal, normalmente no pueden calmarse y, por lo tanto, sufren daños corporales.

Extrañamente, incluso el sistema inmunológico de las personas con personalidad tipo A parece ser más débil. El sistema inmunológico juega un papel importante en ayudar al cuerpo a mantenerse libre de células cancerosas al producir otras células asesinas que son responsables de matar las células tumorales una vez que se forman en el cuerpo. Un estudio reveló que los estudiantes con altas tasas de hostilidad (tipo A) tenían menos células asesinas en el cuerpo durante períodos de alto estrés, como al tomar exámenes difíciles. Este no fue el caso para los estudiantes con personalidad tipo B.

En resumen, a diferencia de la personalidad tipo B, que es más relajada, las personas tipo A están cableadas de manera diferente, ya que pasan más tiempo influidas por un sistema nervioso excitado. Esto no ocurre con la personalidad tipo B. La excitación repetida de la presión arterial y la frecuencia cardíaca, así como otros factores involucrados en la respuesta de excitación del tipo A, causa daños acumulativos y, hasta cierto punto, irreparables en los órganos y tejidos del cuerpo. Las diferencias en la exposición al estrés explican las tasas de muerte temprana más altas asociadas con la categoría de personalidad tipo A.

Costos Sociales

La ira no solo tiene efectos físicos; de hecho, también conlleva una serie de costos emocionales y sociales. La ira se correlaciona con la hostilidad, lo que a su vez dificulta que las personas mantengan relaciones saludables y constructivas. Debido a la naturaleza constante de la ira, las personas hostiles seguirán perdiendo amigos y manteniendo muy pocas relaciones cercanas. Además, las personas hostiles son más propensas a sufrir de depresión y tienen una mayor probabilidad de ser abusivas hacia los demás tanto física como verbalmente. Lo más importante es que la ira crónica interfiere con la intimidad en una relación personal, ya sea con un familiar o una pareja. Es difícil para las personas normales relajar su guardia cuando tratan con una persona enojada; por lo tanto, las relaciones son tensas.

A primera vista, esta pérdida de relaciones puede no parecer un mal destino, especialmente para aquellos que aprecian su espacio. Sin embargo, las investigaciones muestran que es importante tener relaciones saludables y de apoyo con amigos, familiares, colegas y compañeros de trabajo para mantener la salud. Tener el apoyo social de compañeros ayuda a evitar problemas emocionales y condiciones de salud arraigadas como las enfermedades del corazón. Las personas tienen menos probabilidades de sufrir de depresión debilitante si cuentan con un apoyo social fuerte y viable.

Las personas enojadas tienden a tener una actitud cínica hacia los demás y a menudo no utilizan la ayuda cuando se les ofrece. Estas personas también no reconocen el impacto de sus acciones y comportamiento en los demás; rara vez se dan cuenta de que están alejando a las personas gradualmente. La ira hace que estas personas ridiculicen la ayuda genuina de los amigos. La ira también se ha relacionado con malos hábitos alimenticios y de bebida, así como con el abuso de sustancias. Debido a que las personas enojadas no mantienen vínculos con otras personas, no habrá nadie que les ayude a lidiar con los malos hábitos, aumentando así las posibilidades de consecuencias graves para la salud.

La respuesta fisiológica y la excitación debido a la ira evolucionaron para que las personas pudieran manejar las amenazas físicas de manera constructiva. Sin embargo, en el mundo de hoy, hay muy pocas ocasiones que requieren que uno responda con agresión física. Cuando observas lugares de trabajo, reuniones sociales, hogares, escuelas, etc., hay muy pocas instancias donde las peleas físicas y los altercados verbales son viables. Atacar a un jefe llevará a la pérdida del empleo y pelear con un conductor lento en la carretera realmente te llevará a la corte.

La ira no gestionada te llevará a los tribunales, te hará perder tu trabajo e incluso te aislará de familiares y amigos. Las personas que sufren de ira descontrolada no solo sufrirán físicamente, sino también social y emocionalmente.

Es importante que uno controle cualquier comportamiento agresivo y disruptivo que surja de la ira mal gestionada.

Costos Motivacionales y Efectos de la Ira

Como se vio anteriormente, la ira no solo afecta el estado físico de una persona. También afecta el estado psicológico de una persona. ¿Alguna vez te has preguntado por qué es difícil para las personas enojadas simplemente dejar de lado sus hábitos? Hay algunas creencias y beneficios motivacionales vinculados a la ira. Algunos de estos beneficios son de corto alcance; otros son saludables, mientras que otros son autodestructivos.

En el lado positivo, la ira tiende a generar una sensación de control y poder en una situación que de otro modo implicaría miedo y sentirse débil. Antes de la sensación de ira, uno puede carecer de la sensación de fuerza, pero a medida que la emoción aumenta, el control y la rectitud motivan a la persona a cambiar y desafiar la difícil injusticia social o interpersonal. Cuando la ira se maneja de manera apropiada, ayudará a motivar a otros a ganar un caso que de otro modo sería imposible de manejar. A veces, la ira da a uno un descanso de la sensación de miedo y vulnerabilidad; es una buena manera de desahogar frustraciones y tensiones.

La ira aumenta la energía necesaria para defenderse cuando se está cometiendo una injusticia. Por ejemplo, si uno es víctima de violencia doméstica durante mucho tiempo, y la ira llega a un punto de ebullición, la vulnerabilidad desaparece y la fuerza se apodera, ayudando a la persona a salir de la relación abusiva. En tales escenarios, la ira puede ser una fuerza muy positiva en la vida. Ayuda a uno a seguir adelante y perseverar al luchar por una buena causa, por ejemplo, Mahatma Gandhi y otros luchadores por la libertad.

Aunque la ira tiene motivaciones positivas, también tiene negativas. La ira es capaz de crear y reforzar un falso sentimiento de derecho, es decir, un sentimiento ilusorio de superioridad que permite justificar actos inmorales. Por ejemplo, la agresión motivada por la ira puede utilizarse para justificar el terrorismo o para intimidar y coaccionar a las personas a hacer lo que uno quiere, incluso si va en contra de su voluntad. Las personas enojadas son más propensas a suscribirse a la filosofía de que el fin justifica los medios y luego seleccionar algunos medios injustificables para alcanzar sus objetivos. Si la ira te ha llevado al lado oscuro de alguna manera, como llevó a Eric Harris y Dylan Klebold, los tiradores escolares que asesinaron a sus compañeros en Colorado en 1999, entonces es hora de buscar ayuda.

Hay que darse cuenta de que la ira puede tener un efecto positivo o negativo. Si, por lo tanto, la ira llega a un punto de ebullición y te hace alejarte de un cónyuge abusivo, entonces esa ira es buena. Pero si usas la ira para intimidar y asustar a otros para que hagan lo que quieres sin considerar las consecuencias, entonces hay peligro, y estás actuando tan mal como un matón.

Capítulo 5: Ira y Salud Mental

La ira no siempre es un trastorno por sí misma. A veces, puede significar otro trastorno mental. Al evaluar la ira, un terapeuta debería abordar cualquier diagnóstico subyacente. Hay una serie de condiciones mentales estrechamente relacionadas con la ira, incluyendo:

- Trastorno bipolar - Una característica común de la manía es la irritabilidad. Una persona puede tener síntomas de ira en la fase depresiva.

- Depresión mayor - La ira puede dirigirse hacia uno mismo o hacia los demás.

- Trastorno de la personalidad narcisista - Una persona narcisista puede estallar de ira si alguien hiere o ataca su ego. Utilizan la ira para enmascarar otros sentimientos como el miedo y la inferioridad.

- Comportamiento desafiante oposicionista - El comportamiento hostil o enojado es uno de los principales signos del ODD en los niños.

- El trastorno de estrés postraumático - El TEPT a menudo lleva a una explosión de ira incluso sin provocación. El estrés empuja a una persona al límite de tal manera que la mente deja de funcionar normalmente.

La conexión entre la ira y el estrés

Puedes preguntarte si el estrés es lo mismo que la ira. ¿Es el estrés un resultado de la ira o es la ira un resultado del estrés? La gente dice que hay más ira en el mundo hoy que hace 20 años. Considerando las condiciones de vida actuales, esto podría ser cierto. Otras personas dicen que hay más ira hoy y es evidente en la violencia en el lugar de trabajo, la furia en la carretera, los tiroteos en las escuelas, etc. El estrés puede aumentar ciertos problemas y si experimentas ira con frecuencia, es probable que el estrés lo empeore.

El estrés saludable es muy bueno cuando se controla. Eustrés (estrés saludable) nos hace levantarnos de la cama por la mañana y perseguir nuestros sueños. También es lo que nos mantiene atentos durante todo el día. Este tipo de estrés no conduce a la irritabilidad o la ira. Las personas que carecen de eustrés son normalmente consideradas desmotivadas o perezosas por los demás.

Por otro lado, hay una forma de estrés llamada angustia. Este tipo de estrés hace que las personas sean irritables o francamente enojadas. Este estrés a menudo ocurre cuando la ira es excesiva y ya no actúa como un motivador. El estrés puede ser abrumador cuando una combinación de factores estresantes se acumula sobre una persona. Un día, el estrés se vuelve demasiado y la persona no sabe cómo manejarlo, por lo tanto, estalla en ira.

¿Hay otro sentimiento que está detrás del estrés y la ira? Cuando uno se siente enojado o estresado, hay otros sentimientos que lo alimentan. En la mayoría de los casos, uno se estresa o se enoja cuando se siente impotente, irrespetado, abrumado, temeroso, etc. Es importante observar los sentimientos detrás del estrés y la ira para poder identificar el tratamiento más viable. Comprender la causa de tu acción te ayuda a seleccionar pasos que te ayudarán a relajarte.

Una vez que hayas identificado los pensamientos y sentimientos que contribuyen a la ira y el estrés, observa el entorno que te rodea. ¿Es caótico tu entorno? ¿Tu hogar o lugar de trabajo te hacen sentir demasiado fatigado e irritable? Una vez que veas los factores estresantes del entorno, encuentra maneras de evitarlos o enfrentarlos. A veces, las soluciones se limitan a cambiar tu mentalidad.

Hay sustancias que pueden aumentar la ira y el estrés, incluyendo azúcar, cafeína, nicotina y exceso de comida. También hay sustancias y prácticas que pueden ayudar a reducir el estrés, incluyendo ejercicios, aprender a comunicarse, pasatiempos, llevar un diario, yoga, respiración profunda, Qigong y participar en actividades sociales.

Consejos Rápidos para Manejar el Estrés y la Ira

- Pregúntate, "¿Importará mañana, la próxima semana o el próximo mes?"
- Entiende que la única persona responsable de ti eres tú mismo.
- Entiende que la ira y el estrés son energía. Depende de ti decidir la forma en que quieres usarla—positivamente o negativamente.

- Entiende que si permites que otras personas te estresen, les estás dando el poder de controlarte. ¿Realmente quieres que otras personas manejen tus sentimientos?

El impacto de la ira y el estrés

Idealmente, deberíamos estar en un estado de homeostasis: sentir y vivir en equilibrio. Físicamente, todo debería funcionar a la perfección y también las emociones. Debería haber un estado pleno de bienestar, sin estrés, angustia o ira. Sin embargo, suceden muchas cosas que alteran ese equilibrio, llevándonos a otros estados de existencia. Los peligros del mundo exterior son la principal causa de desequilibrios. Un autor y bloguero llamado Robert M. Sapolsky, MD, afirma que las cebras no tienen úlceras. En su libro titulado "Why, Zebras Don't Get Ulcers", el Dr. Sapolsky establece que cuando una cebra se siente amenazada por un depredador, sus sentidos de alerta aumentan. La presión arterial se eleva, el flujo de adrenalina se intensifica y el animal entra en modo de lucha o huida. La sangre fluye hacia las patas y el corazón; así, la cebra corre muy rápido. La cebra escapará o morirá, pero de cualquier manera, olvida tan pronto como la situación ha terminado. Sin embargo, eso no se aplica a los humanos.

Con nosotros, el estrés y la ira durarán mucho después de que la situación haya terminado. Generalmente, los humanos están diseñados para reflexionar sobre las cosas y encontrar soluciones. La reflexión sobre la situación peligrosa o enloquecedora resulta en niveles aumentados de presión arterial y adrenalina. De hecho, estaremos en un estado en el que podemos sentir ira cuando no la hay. Esa reacción te dice por qué podrías enfadarte en un embotellamiento. El problema es que, niveles tan altos de alerta debido al estrés y la ira son perjudiciales para la salud. Deberíamos aprender maneras de manejar el estrés y la ira, y como la cebra, regresar al estado de equilibrio.

La ira y tus creencias

Como hemos visto, hay una variedad de razones por las cuales alguien puede enojarse. ¿Sabías o incluso sospechabas que el sistema de creencias de una persona puede causar un ataque de ira completo? Los investigadores han encontrado que las creencias de una persona afectan sus niveles de ira.

¿Qué crees? ¿Qué creencias valoras? ¿Cuáles tienes pero ya no te sirven? ¿Cuáles te están causando daño? Por definición, una creencia es algo que consideras verdad y, por lo tanto, te aferras a ella. Puede ser una lista de cosas que se deben y no se deben hacer—un sistema de valores. Por ejemplo, puedes creer que ser una buena persona te ayudará a salir adelante en la vida, que siempre conseguirás lo que deseas, que todos deberían ser amables en todas las circunstancias y que nadie se aprovechará de ti. ¿Qué tan cierta es esa creencia?

Muchas creencias se forman durante la infancia basadas en lo que se enseña o en lo que se ha observado. Las creencias a menudo son inculcadas por los padres, tutores, maestros u otras figuras de autoridad. En muchos casos, estas enseñanzas son un activo cuando se utilizan bien. Sin embargo, algunas de ellas se convierten en creencias que resultan en problemas más adelante en la vida. Por ejemplo, las personas a las que se les hace creer que siempre deben salirse con la suya son significativamente más enojadas que aquellas que fueron enseñadas que no podían ganar todo el tiempo.

La próxima vez que te sientas molesto; examina detenidamente las cosas en las que crees. ¿Están contribuyendo a tu ira? ¿Son racionales? Muchas veces, una creencia que lleva a la ira es irracional o impráctica. Una vez que identifiques el problema específico con la creencia, ajústala. Por ejemplo, puede que te des cuenta de que una cierta creencia te dificulta mantener la calma y la racionalidad. Es mejor dejar de lado las creencias absurdas que permanecer enojado.

Otro ajuste que puedes hacer es añadir comprensión a tu creencia. Por ejemplo, si crees que todos deberían tratarte de manera justa cada dos veces, deberías ajustar a "Debería ser tratado correctamente, pero hay momentos en los que seré tratado injustamente." Esa es la vida. Aprende a adaptarte a ello en lugar de enfrentarlo de manera directa.

Es posible que desees insistir en que tus creencias son correctas y racionales. Probar tus creencias te ayudará a aprender si tu ira está justificada. Recuerda, la ira es beneficiosa cuando se utiliza correctamente. Por ejemplo, las personas que utilizan la ira para defenderse a sí mismas la están usando de la manera correcta. La ira puede ayudarte a escapar de situaciones en las que alguien te maltrata. Si no fuera por las personas que usaron la ira de una manera justificada, no tendríamos algunos derechos civiles, algunas personas seguirían excluidas del voto, y habría muchas injusticias en el mundo. Cuando la ira está justificada, utiliza la energía de manera positiva. Evita la violencia. No seas verbalmente abusivo. Evita cosas que puedan lastimar a alguien más.

El iceberg

La ira es lo que normalmente vemos. Cuando una persona está enojada, podemos ver las señales, los cambios físicos nos informan. Algunas personas sudarán, otras apretarán los puños y otras elevarán su voz. Cuando se observa de cerca, en realidad la ira es el iceberg. Lo que todos vemos es solo la punta. Hay un sentimiento complejo detrás de lo sintomático, y varía de una persona a otra. El verdadero iceberg puede estar hecho de inseguridades, miedo, orgullo herido y frustración, sentirse irrespetado y otras emociones.

Porque la ira que vemos es solo la punta del iceberg, se requiere algo de trabajo de detective para identificar la verdadera causa. Uno tiene que identificar el problema subyacente, para poder ayudar a la persona enojada. El primer paso para controlar la ira es preguntarse: "¿qué está causando estas emociones?" "¿Qué me hace sentir así?" Cuando una persona examina los sentimientos y las causas de la ira, entonces puede abordar el problema. Técnicas básicas como respirar, contar y meditar te ayudarán a lidiar con la punta del iceberg a corto plazo, pero se requerirá más para soluciones a largo plazo.

Entender el iceberg es una excelente manera de controlar tu propia ira y la de otras personas. Cuando usas la teoría del iceberg para analizar la ira, te será fácil comprender la ira de otra persona. Por ejemplo, cuando un compañero de trabajo se está enojando en el trabajo por una razón que es menor, podrás ver que hay otra cosa detrás de la emoción actual. Te resulta difícil devolver la ira con ira cuando sabes que están actuando por miedo, celos, inseguridad, dolor o cosas del pasado. Cuando entendemos esto, es más fácil ser gentil en nuestras reacciones y empáticos.

En consecuencia, podremos ayudar a la persona a lidiar con la ira o al menos a mantenerse tranquila. Es triste que muchas personas y más aún los hombres crean que está bien mostrar ira a través de la agresión y la violencia, mientras que está mal mostrar otras emociones como la tristeza, el miedo, la culpa o la inferioridad. La mayoría de los sentimientos que conducen a la pérdida de control son parte del iceberg de la ira. Estos sentimientos que no se permiten mostrar son parte de los desencadenantes de la ira ocultos bajo la superficie. Como tal, se debe examinar todos los sentimientos que alimentan la ira. En lugar de tomar la ruta machista y expresar lo que es socialmente aceptable, busca formas de discutir tus verdaderos sentimientos. Mira más allá de la ira y aborda los problemas reales; te ayudará a manejar tus propias emociones, así como las de las personas que te rodean.

Ira, Alcohol y Abuso de Drogas

Recuerda que la ira que vemos en las personas y en nosotros mismos es solo la punta del iceberg. Hay más en ello. Algunas personas tendrán problemas de manejo de la ira derivados del abuso de drogas y sustancias. Otros tienen problemas de ira debido a daño cerebral.

En eventos donde una persona está abusando de drogas y tiene problemas de manejo de la ira, el principal problema es que las drogas están atacando la funcionalidad del cerebro. Cuanto más se usan las drogas, más enojado/a se vuelve. Una variedad de razones puede contribuir a tal ira. Por ejemplo, cuando la persona se queda sin drogas, se enojará. Si hay problemas familiares o personales que surgen debido a las drogas, y la persona afectada no puede manejarlos, se enojará. Los ataques químicos directos al cerebro pueden resultar en ira.

Tenga en cuenta que generalmente es difícil manejar la ira si la persona enojada usa drogas con frecuencia. Un terapeuta puede trabajar con tal persona hasta que se quede sin aliento y probablemente no funcionará. Estas personas necesitan ayuda con el abuso de sustancias antes de poder trabajar en la ira. Un programa de abuso de sustancias ayudará al paciente más que un programa directo de manejo de la ira.

Algunas personas tienen problemas de ira debido a lesiones cerebrales. Las secciones del cerebro responsables de controlar la ira y otros impulsos se conocen como lóbulos frontales, y se encuentran justo behind la frente. Un accidente, como un choque de autos, golpearse la cabeza o caer, puede convertir a una persona que de otro modo sería calma en un individuo furioso y enojado. De hecho, es muy fácil dañar el cerebro hasta el punto en que se sigue perdiendo la paciencia. En el caso de que una persona enojada haya tenido un accidente que podría haber dañado el cerebro, se le aconseja visitar a un neurólogo antes de acudir a un terapeuta de manejo de ira. Hay intervenciones médicas para algunos de estos casos. Ayudan a una persona antes de que pueda acudir a terapia. La mayoría de los casos que involucran lesiones cerebrales requieren combinar medicamentos psiquiátricos con programas de manejo de ira. Aunque muchas personas creen que no hay esperanza para quienes tienen problemas de ira derivados de lesiones cerebrales, hay algo de ayuda. Un gran número de personas ha aprendido a manejar la ira a pesar de las lesiones. Sin embargo, requiere mucha dedicación y trabajo.

Capítulo 6: La elección de gestionar la ira

El manejo de la ira se describe a menudo como la capacidad de desplegar la ira de manera exitosa. El objetivo mejor adaptado del manejo de la ira implica regular y controlar la ira para que no cause problemas. Aunque la ira es parte de las emociones humanas, las formas en que elegimos expresarla pueden no ser aceptables o normales para las personas que nos rodean. Una vez que una persona sospecha que tiene problemas de ira, o si las personas de confianza a su alrededor le dicen que tiene dificultades para manejar su ira, es necesario aprender a tener un mejor control sobre la emoción.

Hay una variedad de programas de manejo de la ira y información disponible para cada persona a través de diferentes plataformas. Estos programas y planes están diseñados para ayudar a manejar la ira y desarrollar una vida emocional saludable. Una buena ira ayuda a mantener una buena relación con otras personas y, como tal, los programas de manejo de la ira te ayudarán a dominar tu problema de ira. Sin embargo, al igual que cualquier otro programa, los diseñados para el manejo de la ira beneficiarán a las personas que los sigan completamente y apliquen todo lo que tienen para ofrecer.

Aprender a controlar la ira requiere un compromiso profundo porque es una tarea continua. Requiere muchos cambios con respecto a las maneras del pasado. Se te pedirá que reconsideres las respuestas automáticas utilizadas anteriormente. También se te pedirá que asumas más responsabilidad por acciones y pensamientos que no requerían mucha reflexión en el pasado. Todos los cambios anteriores requerirán un plan y mucha disciplina. En un esfuerzo por ayudarte a obtener este plan y disciplina, te ayudaremos a revisar las formas en que las personas normales abordan grandes cambios. Esta perspectiva te ayudará en el proceso de manejo de la ira. Es importante entender la mejor manera de abordar un desafío así como es importante superar el problema.

Las Etapas del Cambio

Normalmente, las personas pasan por un conjunto particular y predecible de etapas mientras enfrentan eventos que cambian la vida. El progreso a través de las etapas se debe en gran medida a una combinación de técnica, motivación y dedicación. Algunas personas avanzan rápidamente a través de las etapas, mientras que otras se toman su tiempo y, en algunos casos, dan un paso o dos hacia atrás antes de poder avanzar nuevamente.

A medida que estudias las siguientes etapas, es importante considerar cómo cada etapa afectó tu vida durante un período de cambio. ¿Cómo se desarrollaron las etapas en tu vida? También es bueno considerar cómo trabajarás a través de los desafíos que encontraste en cada etapa mientras persigues tus objetivos de manejo de la ira. No hay una regla que diga que uno debe seguir la secuencia de las etapas como se enumeran a continuación, pero se debe asegurar de que él/ella entienda bien cada etapa para lograr los objetivos establecidos.

La decisión de controlar la ira definitivamente presentará un gran cambio en la forma en que uno vive su vida. Es difícil para alguien querer hacer un gran cambio en la vida a menos que haya algo importante que venga y lo haga reconsiderar las viejas formas de hacer las cosas. Hay cosas que aparecen en la vida de un individuo motivándolo a buscar nuevas maneras de manejar las situaciones. La mayoría de las personas solo hacen cambios cuando han experimentado consecuencias serias de la ira en sus vidas personales, ocupacionales y sociales. Uno puede buscar ayuda después de que un cónyuge haya solicitado el divorcio tras una gran pelea o haya perdido un trabajo debido a un desacuerdo en el lugar de trabajo. Algunas personas buscarán ayuda cuando se den cuenta por sí mismas de que están acumulando demasiada ira, mientras que otras buscarán ayuda solo para quitarse a otras personas de encima.

Etapa de conciencia: La etapa de conciencia normalmente comienza cuando la persona enojada busca información sobre el manejo de la ira, como qué es la ira; ¿cómo afecta las relaciones y la salud? ¿Cómo se puede controlar?

Etapa de preparación: La diferencia entre la etapa de conciencia y la etapa de preparación es el compromiso. En la etapa de conciencia, la persona se concentra en reunir información. Por otro lado, la etapa de preparación implica la decisión de expresar la ira de una manera constructiva. Además del compromiso, la preparación también implica planificación y autoestudio. Durante todas las etapas y más aún en la etapa de preparación, es importante que uno mantenga un diario de manejo de la ira donde registre las cosas que le hacen enojar, los sentimientos y reacciones, y las consecuencias. El diario de ira ayuda a uno a tomar mayor conciencia e identificar los desencadenantes de la ira y, por lo tanto, proporciona una visión de las proporciones de la ira. Cuanto más estudies tu ira, mayores serán las posibilidades de cambiar la forma en que la expresas.

Etapa de acción: Esta etapa implica la iniciación de un cambio real. Uno puede decidir tomar un curso profesional sobre manejo de la ira o comprar un conjunto de libros guía, grabaciones o videos. La etapa de acción también implica diseñar un programa personal para ayudarte de manera individual. Sin embargo, independientemente del programa que se utilice, no será de ninguna ayuda si la persona no lo aplica con persistencia y dedicación.

Manteniendo los logros: La etapa de mantenimiento de los cambios en la vida es una etapa interminable. Implica la realización y aceptación de que eres humano y propenso a errores, no eres perfecto y, en ocasiones, actuarás de manera inapropiada, pero lo mejor de todo es que siempre puedes recuperarte de los lapsos de comportamiento. Alcanzar un cambio de comportamiento sostenido lleva tiempo. En algunos casos, tomará múltiples fracasos e intentos antes de que uno pueda lograr la meta establecida. Cada vez que uno recae en un comportamiento antiguo, utiliza las estrategias y herramientas que ha aprendido en el camino para regresar de donde cayó.

Es particularmente difícil para la mayoría de las personas con problemas de ira reunir la motivación necesaria para un compromiso serio para trabajar a través de un programa de manejo de la ira. Verás, la ira tiene una calidad autojustificativa y seductora; por lo tanto, las personas generalmente no se sentirán atraídas por el manejo de la ira por su propia voluntad. La mayoría de los casos implicarán a la persona sufriendo consecuencias serias de la ira antes de la realización de que hay una necesidad de ayuda para controlar los estallidos. Incluso después de la realización, la motivación para mantenerse en el programa puede ser realmente escasa.

Normalmente, las personas enojadas dejarán de asistir a un programa de manejo de la ira justo antes de terminarlo y, en otros casos, aquellos que terminan pueden no aplicar las técnicas que aprendieron. Como tal, la mayoría de las personas requieren una repetición de los programas de manejo de la ira varias veces antes de que realmente puedan entender el mensaje que necesitan incorporar en sus vidas por sí mismos.

Tratamiento obligatorio de control de la ira

Como se vio anteriormente, no todas las personas buscarán ayuda de manera voluntaria cuando tienen problemas de manejo de la ira. Recuerda que la ira tiene motivaciones; cosas que la hacen sentirse bien. Sin embargo, en casos extremos, el tribunal puede ordenar a las personas asistir a programas de tratamiento de la ira. Si alguien está causando daño a otros a través de la ira y demuestra la falta de disposición para trabajar en los hábitos, el tribunal está dispuesto a exigirle que asista a las clases. Un empleador también puede obligar a un empleado enojado a asistir a seminarios y programas de manejo de la ira, incluso si es a través del patrocinio de programas de asistencia para empleados.

En caso de que un tribunal o empleador te haya ordenado asistir a programas de tratamiento de manejo de la ira, es vital que aproveches al máximo esta demanda. Es mejor que participes completamente en el programa. Puede que no sea tu voluntad pasar por el programa, pero por favor entiende que es para tu bien. Las personas que te han mandado tienen buenas intenciones; quieren que tengas el control de tu vida

antes de que otras personas empiecen a controlarla por ti. Están tratando de protegerte de perder tu trabajo, perder tus relaciones e incluso ir a la cárcel. Aprender las maneras a través de las cuales puedes aplicar la ira de una manera más productiva mejorará tu vida y reducirá las posibilidades de sufrir ciertas enfermedades y muertes prematuras.
Mantener esta realización en mente te ayudará a participar plenamente y beneficiarte del programa de manejo de la ira.

El compromiso es esencial si realmente quieres obtener todos los beneficios del programa. Aprende y practica las técnicas muchas veces para ayudarte a cambiar tu comportamiento. El único billete que garantiza el éxito en un programa de manejo de la ira es hacer lo que sea necesario para asegurar que el programa funcione. Recuerda que puede haber efectos negativos si no sigues todo el programa. El cambio real solo ocurrirá si cooperas. Sin una cooperación total, incluso una oportunidad genuina de cambiar vidas no te ayudará.

Por qué tienes que mantener la calma

En la mayoría de los casos, la ira viene con mucha justificación: te sientes en lo correcto y la otra persona está equivocada. Sin embargo, como se vio anteriormente, no puedes ir por ahí desquitando la ira con cada persona; incluso las normas sociales no lo permiten. No está bien atacar a otras personas solo porque sientes que son objetivos. Hay muchas consecuencias de la ira desenfrenada, y los castigos que se pueden imponer pueden ser devastadores. En el mundo de hoy, donde las personas son aterrorizadas, los estallidos violentos no son bien aceptados; por lo tanto, si atacas a alguien físicamente, independientemente de las razones, hay una buena probabilidad de que seas arrestado o castigado. En el trabajo, si atacas a un cliente, a un compañero de trabajo o incluso al jefe, hay altas probabilidades de que seas despedido. Si el ataque va dirigido a tu hijo, ten la certeza de que él/ella será retirado/a de tu custodia. Si el niño no es retirado, entonces asegúrate de que le has enseñado que está bien desquitarse con ira hacia los demás. Si te desquitas con tus amigos, es probable que se alejen de ti y se nieguen a ayudarte.

Cuando consideras todos los riesgos asociados con la ira no gestionada, es importante desarrollar una lista de las razones por las que deberías mantenerte tranquilo y sereno en ciertas situaciones. Revisa las razones a menudo para que puedan permanecer claras y fijas en tu mente. Las razones que elijas deben basarse en las consecuencias prácticas que podrían recaer sobre ti si te dejas llevar y pierdes el control.

Algunos ejemplos de las razones que puedes anotar incluyen:

- "Debería mantener la calma para conservar mi trabajo."
- "Debo mantener la calma, así evito ser arrestado."
- "Necesito mantenerme calmado, para que mis hijos no aprendan malos hábitos de ira de mí."
- "Necesito mantener la calma para que mi cónyuge no me deje, etc."

Los principales desafíos que

obstaculizan el cultivo de una ira saludable

Muchas personas con ira destructiva buscan maneras de superarla, ya sea por su propia voluntad o porque alguien, por ejemplo, un cónyuge, se lo ha pedido. Una vez que una persona se da cuenta y reconoce el efecto de la ira destructiva, busca formas y estrategias para minimizar la reactividad y la vulnerabilidad a la ira. Sin embargo, estas personas a menudo fracasan en sus intentos de manejo de la ira.

Pueden estar fuertemente motivados para hacer los cambios requeridos, pero las mentalidades en conflicto socavan los esfuerzos. Mantener y mostrar enojo tiene un propósito. Por ejemplo, el enojo puede convertirse en una armadura emocional que ayuda a distraer y proteger al individuo de experimentar conscientemente la amenaza específica. Tal enojo conduce a una forma de paz que consuela a la persona afectada. Como tal, la persona afectada tendrá un conflicto al hacer los cambios necesarios para el manejo de la ira.

Para superar los desafíos que socavan el cultivo de una ira saludable, uno debe reconocerlos y superarlos. Algunos de estos desafíos incluyen:

1. La subestimación del trabajo que conllevará el cambio

Estamos viviendo en una sociedad que cree en soluciones rápidas para todo. Muchas cosas ahora se resuelven fácilmente utilizando tecnología avanzada. Calientas tu comida en unos segundos, llegas a la tienda en unos minutos e incluso disfrutas de duchas instantáneas. Sin embargo, las soluciones rápidas no pueden aplicarse a prácticas desarrolladas durante muchos años. El cultivo de una ira saludable necesita tiempo, paciencia y compromiso.

1.
   Ira hacia la cantidad de esfuerzo necesario para el cambio

Después de darse cuenta de que la buena ira solo se desarrollará a partir del compromiso, la dedicación y la paciencia, muchas personas se sienten más enojadas. Esta ira incluso podría llevar a un resentimiento hacia las personas que carecen de tales desafíos de ira.

1.
   La ira normalmente funciona a corto plazo.

El hecho de que la ira sea solo una solución a corto plazo a los desafíos hace que la persona afectada se sienta sola e isolada. La ira actúa como una distracción de los sentimientos amenazantes y el dolor interno. En otros casos, la ira puede ser utilizada para invocar ansiedad y miedo en otras personas, dando así una sensación de poder a la persona enojada. Una vez que la ira se ha ido, la persona se sentirá aislada, y como tal, puede que no esté dispuesta a hacer todo lo necesario para cultivar una ira saludable.

1.
   Incomodidad en la reflexión

Para entenderse a uno mismo, es necesario tener soledad y reflexión. Tomar tiempo para reflexionar nos permite ser más conscientes de cómo facilitamos nuestra ira. Sin embargo, la mayoría de las personas encuentra la reflexión y la soledad extremadamente incómodas. Normalmente, la sociedad exige que debemos ser sociales y evitar la autosuficiencia.

1.
   Pensar y sentir que uno necesita cambiar hábitos son dos cosas diferentes.

Una persona puede pensar que necesita cambiar sus hábitos pero carece de voluntad. Sin embargo, cuando hay la sensación de que se necesita cambiar sus hábitos, es probable que busque los cambios necesarios. Puede ser un desafío desarrollar una ira saludable cuando la mente y el corazón no están de acuerdo.

1.
   Familiaridad

Los años de vivir con ciertas características nos hacen familiares y cómodos con la persona en la que nos convertimos. Por ejemplo, cuando uno vive con ira durante demasiado tiempo, puede empezar a pensar que la ira es una parte normal de sus vidas. Nos volvemos cómodos con nosotros mismos porque hemos vivido de una manera particular durante muchos años.

La verdad es que estamos sujetos a cambios y dependemos en gran medida de la variedad de hábitos que desarrollamos y seguimos a lo largo de los años. En consecuencia, podemos cultivar formas mejores y más útiles de enfrentar la vida, así como aprendimos las formas con las que estamos familiarizados.

1.
   La tensión que acompaña la aplicación de nuevas habilidades

Todos conocemos la sensación que acompaña el aprendizaje de nuevas habilidades. Cuando estamos probando cosas nuevas, tenemos miedo de fracasar, inseguros de lo desconocido. Hay una sensación de torpeza, insuficiencia, intolerancia y un grado de duda sobre uno mismo. Adquirir nuevas habilidades requiere una fuerte tolerancia a la frustración. Los momentos de aprender y aplicar nuevas habilidades exigen amor propio y compasión. Exigen la realización de que los errores son una parte normal de la vida. Por lo tanto, es importante que establezcamos metas realistas al desarrollar una ira saludable; de lo contrario, podríamos sentirnos frustrados y rendirnos.

1. La sensación gratificante que acompaña a la ira

En algunos casos, la ira viene acompañada de una oleada física que borra los pensamientos de duda y hace que uno se sienta energizado y vivo. La ira hace que el nivel de la hormona cortisol aumente. Esta hormona ayuda a las personas a responder a situaciones estresantes, por lo tanto, la sensación aumentada de energía. Desafortunadamente, la oleada física dificulta la capacidad de hacer un juicio acertado. Un ingrediente esencial de la ira saludable es la habilidad de ser consciente de la oleada en lugar de actuar impulsivamente. Esta conciencia implica identificar las cosas que son de nuestro mejor interés a largo plazo.

1. Usar la ira para evitar la responsabilidad

Algunas personas utilizan la ira para evitar la responsabilidad. Hay cientos de personas que se aferran a la ira y culpan a alguien más por su destino. Estas personas pueden culpar a sus padres, parientes, empleadores, compañeros de trabajo, etc., a quienes creen responsables de su sufrimiento. Incluso mucho después de que las personas acusadas se han ido, aquellos que se aferran a tal ira continúan culpándolos. De alguna manera, esta ira refleja un grado particular de dependencia. Contradictoriamente, dejar ir esta ira implica dejar ir la culpa y aceptar la responsabilidad por el papel que jugamos. La ira saludable implica darnos cuenta de que depende de nosotros encontrar el significado y la estructura de nuestras vidas y también dar los pasos hacia vivir lo mejor que podamos.

1. Concentrándose en las actividades que son gratificantes a corto plazo

Muchas de las actividades que las personas quieren seguir en un esfuerzo por desarrollar una ira saludable son a corto plazo y dan resultados durante un período muy breve de tiempo. Sin embargo, se necesita mucha autoreflexión para lograr una ira saludable. A menudo buscamos actividades llenas de diversión que desvíen nuestra atención a corto plazo en lugar de las actividades a largo plazo que pueden llevar potencialmente a una gratificación más duradera y profunda. Comprometerse con la ira saludable requiere que uno se concentre en los beneficios a largo plazo y, por lo tanto, busque métodos de manejo de la ira que sean duraderos.

1. Trastornos mentales

Hay ciertos tipos de trastornos mentales que socavan el compromiso y la motivación para el cambio en relación con la ira. Un trastorno mental puede requerir tratamiento antes de que una persona comience a cultivar hábitos saludables en cualquier dirección. Esto puede requerir psicoterapia y/o medicación.

Algunas de las estrategias que se pueden utilizar para abordar estos desafíos incluyen:

1. Identificar los obstáculos que podrían afectar la búsqueda de una ira saludable. Reconocer los principales impedimentos de la ira saludable ayudará a mitigarles.
2. Escribe una lista de razones por las que necesitas cultivar una ira saludable, la importancia, el logro previsto y las diferencias que esperas ver en tu vida.
3. Identifica un momento específico en tu horario diario donde practiques las actividades que ayudan a desarrollar una ira saludable.
4. Mantén un registro de los principales desafíos que bloquean tu logro e identifica dónde podrías fallar.
5. Busca ayuda de otras personas que puedan ayudarte a alcanzar tus objetivos, por ejemplo, familiares y profesionales.
6. Participa en actividades de meditación formales e informales. Te ayudarán a tomar mayor conciencia de los desafíos para avanzar.
7. Saborea y celebra los momentos de progreso. Cada cambio de perspectiva debe ser apreciado porque es una señal de progreso positivo.

Capítulo 7: Pasos para manejar la ira de manera efectiva

Usando un Diario de Ira

Una de las técnicas más recomendadas para lidiar con la ira incluye el uso de un diario o cuaderno de ira. Este diario resulta útil después de que una persona ha identificado las calificaciones de ira.

La calificación de la ira se refiere a una técnica aplicada por las personas para medir los niveles de ira. Teniendo en cuenta el hecho de que la ira no es un estado físico que se pueda medir como la temperatura corporal utilizando un dispositivo físico, uno tiene que identificar una escala personal con calificaciones. La ira es compleja porque involucra aspectos físicos, emocionales y psicológicos; por lo tanto, puede ser difícil de calificar.

Uno debería imaginar una forma de termómetro que mide el grado de ira que siente en un momento dado. Cuando empieza a sentirse irritado o frustrado, el mercurio en el termómetro comienza a subir; cuando está enojado pero controlado, el mercurio sube a la mitad, y cuando no está en control, el termómetro marca el máximo. Se puede calificar la ira del 0 al 100, donde cero significa que uno está en control, mientras que 100 significa rabia total.

Las calificaciones de ira son esenciales porque proporcionan retroalimentación sobre la probabilidad de perder el control o explotar en cualquier momento. Al aprender a rastrear la ira, uno reconocerá los momentos de desafío, las posibilidades de perder y mantener el control, y los pasos a seguir para calmarse.

Aunque las valoraciones de ira ayudan a tomar conciencia de los niveles de ira, no permiten que una persona deje de estar enojada. Por lo tanto, es necesario desarrollar un plan para ayudar a calmarse y gestionar la ira. Algunas de las cosas que se podrían incorporar en el plan son 'tomarse un tiempo' cuando la ira comienza a surgir, es decir, alejarse de la persona o cosa que está provocando la pérdida de la calma. Otro medio para lidiar con la ira puede incluir cambiar la conversación del tema que está irritando a uno por uno que sea más neutral.

Hay muchos aspectos que se pueden aplicar para difuminar una situación que provoca ira. Las mejores técnicas incluyen aquellas que ayudan a mantener la calma sin dañar el orgullo. Debido a que cada persona tiene fortalezas y debilidades únicas, la lista de estrategias y el plan deben ser personalizados para satisfacer las necesidades específicas.

Como dice el refrán, "La prevención es la mejor medicina." Es importante poder predecir las situaciones que podrían provocar ira. Esta habilidad ayudará enormemente a una persona a controlar y mantener la calma bajo control. Uno puede optar por evitar completamente situaciones provocadoras, y si la evitación no es posible, entonces podrá prepararse con formas de mitigar el peligro de perder el control antes de entrar en la situación peligrosa.

Un diario de ira o diario puede ser una herramienta muy útil para ayudarte a llevar un registro de experiencias con la ira.

En el diario, se deben hacer registros diarios de las situaciones provocativas encontradas. Para obtener el máximo beneficio del diario, hay ciertos tipos de información que se deben registrar para cada evento provocativo:

- En la situación, ¿qué parte fue provocativa?

- ¿Qué parte en particular te hizo sentir dolorido o estresado?

¿Qué pensamientos pasaban por tu cabeza durante la situación?

- En relación con la puntuación de la ira, ¿cuán enojado te sentiste?

¿Cómo te comportaste?

- ¿Cuál fue el efecto de tu comportamiento en ti mismo y en los demás?

- ¿Qué ocurrió exactamente?

- ¿Cómo reaccionó tu cuerpo?

¿Te dolía la cabeza?

- ¿Luchaste o te asustaste?

¿Gritaste, cerraste puertas de golpe o te volviste sarcástico?

- ¿Cuáles fueron las consecuencias de la situación?

Después de registrar esta información durante un período

de tiempo, revisa el diario e identifica los temas recurrentes, los desencadenantes constantes, las cosas que te hacen perder la calma. Los desencadenantes pueden caer en ciertas categorías, incluyendo:

- Personas que no cumplen con lo que se espera de ellas o hacen lo que no se espera.
- Eventos situacionales como atascos de tráfico, teléfonos sonando, problemas con la computadora, etc.
- Personas aprovechándose de otros
- Ira y decepción por uno mismo
- Una combinación de cualquiera de las categorías anteriores

Durante la revisión del diario, también es importante que uno busque pensamientos que desencadenen ira. Estos pensamientos serán identificables porque tienden a repetirse y probablemente involucren algunos de estos temas:

- El pensamiento de que aquellos que te ofendieron lo hicieron intencionadamente para causar daño.
- La percepción de que has sido perjudicado y victimizado.
- La creencia de que las otras personas estaban equivocadas y que deberían haber actuado de una manera diferente.

- El pensamiento de que aquellos que te hicieron daño son estúpidos y malvados

El diario también te ayudará a identificar las ocasiones en las que te sentiste perjudicado y las razones por las que te sentiste así. ¿Por qué crees que la persona hizo algo deliberado para dañarte y por qué crees que la persona estaba equivocada y tú tenías razón? Rastrear estos pensamientos ayudará a una persona a empezar a ver los aspectos comunes de estas experiencias. Algunos tipos de pensamientos desencadenantes incluyen:

- A la gente no le importa; no están prestando suficiente atención a tus necesidades.
- La gente espera y exige demasiado de ti.
- Otras personas son desconsideradas y groseras.
- Otros son egoístas y se están aprovechando de ti.
- Otros piensan solo en sí mismos y utilizan a las personas.
- La gente te avergüenza, critica y falta al respeto.
- Las personas son mezquinas o crueles, estúpidas e incompetentes, desconsideradas e irresponsables, etc.
- La gente busca formas de empujarte más abajo y no ofrece ayuda.
- La mayoría de las personas son perezosas y

- harán cualquier cosa para evitar su parte de trabajo.
- La gente está tratando de manipularte o controlarte.
- Las personas te están frenando.

Hay ciertas situaciones en las que estos temas son más propensos a ocurrir, incluyendo:

- Cuando alguien dice que no
- Cuando se expresan y reciben sentimientos negativos
- Cuando se enfrenta a una situación en la que no hay cooperación
- Cuando hablas de cosas que te molestan
- Cuando protestas,
- Al proponer y oponerse a una idea

En el fondo de cada pensamiento desencadenante hay una noción de que las personas se están comportando de manera inapropiada y que tienes derecho a estar enojado con ellas. La mayoría de las personas identificarán una serie de pensamientos que provocan ira. Debes buscar instancias y situaciones que conduzcan a la ira y ver si puedes identificar los pensamientos desencadenantes que llevaron a la ira.

El propósito del diario es ayudar a identificar los patrones de comportamiento y las especificaciones recurrentes que realmente hacen que uno pierda la calma. Cuando se usa bien, el diario permite observar los comportamientos y los sentimientos con precisión. En consecuencia, uno podrá detectar los planes de mitigación para ayudar a manejar la ira. Cuando uno entiende las formas a través de las cuales siente ira, puede planificar estrategias para tratar la ira de manera más productiva.

Una vez que hayas identificado los desencadenantes, surge la necesidad de desactivarlos.

Identificar y comprender los desencadenantes de la ira y su tema ayuda a trabajar de manera más constructiva. Recuerda que los pensamientos que desencadenan la ira ocurren por sí solos; por lo tanto, se requerirá trabajar conscientemente para sustituir la ira por algo más positivo.

Por ejemplo, si estás conduciendo en una autopista y algo te obstruye, toma nota consciente de los signos fisiológicos de ira que indican un altercado. A continuación, respira hondo y mira la situación de manera más racional en lugar de seguir el impulso de atacar. Es importante mirar la situación de manera racional en lugar de asumir que la obstrucción fue deliberada (lo que podría ser el primer pensamiento en situaciones de ira). Identificar que la acción provocadora no fue dirigida deliberadamente hacia ti ayudará mucho a que manejes la ira de manera racional con más tolerancia.

Cuando sientes que tu ira está justificada, solo creas espacio para más ira incluso cuando no tiene sentido. Será mejor si dejas de justificar la ira pronto para ayudar a que disminuya más rápido. Si bien toda ira puede ser legítima y en el momento de sentirla, eso no justifica ningún acto negativo realizado por ira. Ten en cuenta que la ira excesiva e incontrolada es mala para la salud y causa destrucción en las relaciones importantes con otras personas.

Técnicas de relajación para el manejo de la ira

La ira se puede manejar utilizando una variedad de técnicas, pero la mayoría de ellas no funcionará si se usan de manera casual. Uno debe comprometerse a usarlas y practicarlas para tener posibilidades de un efecto positivo.

Respiración profunda controlada

La frecuencia respiratoria y la frecuencia cardíaca de una persona aumentan cuando se siente emocionalmente excitada. Se pueden revertir estos efectos ralentizando deliberadamente la frecuencia respiratoria y relajando sistemáticamente los músculos tensos. Se puede mantener el control utilizando estas prácticas de relajación.

Cuando uno está molesto, se encuentra respirando rápida y superficialmente. La continuación de esta respiración superficial solo exacerba la ira. En su lugar, uno debería tomar medidas para controlar la respiración y relajarse deliberadamente los músculos tensos para calmarse. Para obtener todos los beneficios de esta técnica, uno debería apartar al menos 15 minutos para hacer este ejercicio. Elegir menos tiempo hará que la práctica sea ineficaz.

Practicando la respiración lenta

Primero, inicia los esfuerzos de relajación tomando varias respiraciones profundas pero lentas consecutivas. Asegúrate de que cada vez, exhales el doble de tiempo de lo que inhalaste. Esto significa, cuenta lentamente hasta tres al inhalar y luego cuenta hasta seis mientras exhalas lentamente. Respiraciones más largas se traduce en mejores resultados.

Durante la técnica de respiración, tómate un tiempo para observar el movimiento del aire dentro de los pulmones. Nuevamente, abre los pulmones y la cavidad torácica, y respira profundamente y a fondo. Esta respiración debe llenar primero el vientre, luego el pecho y más tarde, la parte superior del pecho, justo debajo de los hombros. Siente cómo las costillas y los pulmones se expanden con aire. A continuación, tómate un tiempo para sentir cómo las costillas regresan a su lugar original al exhalar. Practica esta técnica por tanto tiempo como puedas.

Esta respiración lenta y deliberada ayudará a una persona a regresar su respiración a tasas regulares siempre que esté enojada. Los patrones de respiración controlada ayudan a controlar muchos aspectos del cuerpo. Teniendo en cuenta que todas las cosas en el cuerpo están conectadas, la respiración lenta y profunda te ayudará a controlar la frecuencia del latido del corazón, la tensión en algunos músculos y, en algunos casos, el dolor.

En una serie de eventos, la ira se manifiesta como tensión muscular. Usualmente, esta tensión se acumula en el cuello y los hombros y puede durar mucho tiempo después de que la ira ha desaparecido. Si el cuello está tenso, es esencial practicar la técnica de relajación muscular que implica girar lentamente y suavemente el cuello de lado a lado. Rueda la cabeza de un hombro al otro con respiraciones coordinadas; rueda hacia un lado mientras exhalas y hacia el centro mientras inhalas. Repite la técnica hasta que la tensión en los músculos comience a desvanecerse. La tensión en los hombros puede aliviarse mediante encogimientos cuidadosos y deliberados y liberando varias veces.

Otra práctica que puede ayudar a la relajación de los músculos del hombro es rodarlos hacia atrás y hacia adelante. Usar la técnica de respiración y relajación muscular ayudará a uno a relajarse. Usa el diario de la ira para verificar las áreas que se sienten tensas durante momentos de ira y utiliza las técnicas de relajación para resolverlas.

Relajación muscular progresiva

Para algunas personas, las técnicas de relajación pueden no funcionar; por lo tanto, pueden intentar lo opuesto, que implica:

- Apretar y tensar los músculos estresados durante unos 15 segundos y luego liberarlos lentamente. Si sientes algún dolor debido a estas técnicas, asegúrate de liberar los músculos de inmediato.

- Pase de un grupo de músculos a otro hasta que todos los tensos hayan recibido el ciclo de tensión y liberación. Con un poco de práctica, se puede usar la técnica de tensión y liberación en todo el cuerpo en unos pocos minutos. Se ha encontrado que la técnica de tensar y relajar es más efectiva que la técnica de relajación sola.

- Cualquiera que sea la técnica que se esté utilizando, se deben dedicar unos 20 a 30 minutos antes de alcanzar un estado de calma total. Durante este tiempo, es necesario seguir respirando de manera profunda y regular. También se debe decir a uno mismo que pronto estará mejor para poder continuar.

Las técnicas de relajación, como las descritas anteriormente, aseguran que una persona no se enfoque demasiado en estar enojada. Estas técnicas le dan tiempo para reflexionar sobre las circunstancias que rodean su momento de malestar y también tiempo para generar nuevas soluciones a los problemas que él/ella está enfrentando.

Prueba de Realidad como una Herramienta de Manejo de la Ira

La ira es una emoción que hace que las personas no puedan pensar con claridad durante momentos de molestia. Cuando uno está enojado, tiende a tomar decisiones sobre una situación o caso de inmediato. Estas personas tienden a pasar más tiempo reflexionando sobre cómo se sienten y cómo la situación ha afectado su vida normal en lugar de mirar las cosas de manera crítica. Uno tendrá una mejor oportunidad de mantener el control si puede evitar mirar solo el lado interior, sino también evaluar la situación desde las perspectivas de otras personas. No mires demasiado cómo las personas o las cosas te hicieron sentir; en su lugar, concéntrate en comprender todos los detalles.

Aunque puede ser difícil, uno debe exprimir el mensaje de la situación incluso cuando el impulso de ira está dominando. Es importante considerar el mensaje que la ira te está transmitiendo y lo que puedes aprender de ello. ¿Qué aspecto de la situación particular te está haciendo enojar? ¿Por qué? ¿Qué puedes hacer para mejorar las circunstancias? Luego, utiliza las técnicas de relajación para reducir la intensidad del momento.

Recuerda que no tienes que responder a la situación de

inmediato, especialmente si la ira se apodera de ti. La mayoría de las situaciones son lo suficientemente flexibles como para tomarse un tiempo, reunir los hechos y pensamientos correctos y luego responder. Tómate un tiempo para pensar en la situación antes de actuar. También puedes tomarte un tiempo para hablar las cosas con una persona de confianza antes de tomar una decisión. Cuanto más se aborde una situación problemática de manera relajada y preparada, mayores serán las posibilidades de obtener resultados positivos. Una mente tranquila ayudará a conseguir lo que se quiere.

Prueba de Realidad

En la mayoría de los países, se asume que un criminal acusado es inocente hasta que haya suficientes pruebas de culpabilidad. Sin embargo, las personas enojadas no hacen esta suposición; más bien, asumen que las personas que los perturban son en realidad culpables. Las personas enojadas tienden a culpar a otros y, a veces, a sí mismas por las cosas que salen mal. Las personas enojadas tienden a hacer la suposición de que el objetivo que están culpando ha causado realmente que las cosas salgan mal. Sin embargo, este no siempre es el caso porque la persona acusada puede ser un transeúnte inocente que se vio atrapado en la situación. Para gestionar mejor la ira, es mejor desacelerar y hacer consideraciones serias en lugar de actuar por el primer impulso. Las pruebas de realidad te ayudarán a saber si la ira está justificada y si la persona que recibe la ira es realmente culpable. El primer paso para construir hábitos viables de prueba de realidad implica renunciar a la suposición de que la primera impresión de la situación es siempre precisa. Es difícil conocer la verdad a primera vista, especialmente cuando uno está enojado. En la mayoría de los casos, solo vemos un lado de la historia (el nuestro). La realidad suele ser más complicada de lo que vemos y apreciamos.

A modo de ilustración, imagina que la gente cree que la tierra es el centro del universo y que el sol y la luna realmente giran a su alrededor. La gente en el mundo antiguo también creía que el mundo es plano y que si caminabas lo suficientemente lejos, llegarías al borde y caerías. Incluso ahora, sin el conocimiento adecuado, uno simplemente percibiría el mundo como una superficie plana. El puro sentido de la vida puede engañarnos; por lo tanto, deberíamos confiar en técnicas y análisis para descubrir la verdad del asunto.

Las primeras personas en sugerir que el mundo era redondo y que la tierra no era el centro fueron vistas como locos. Sin embargo, después de años de estudio y análisis, todos concordamos en que el mundo es redondo y que la tierra no es el centro. Todo lo que la gente necesitaba para darse cuenta es que la verdad era prueba. Las personas enojadas deberían darse cuenta de que su primera conclusión podría estar tan equivocada como cualquier otro pensamiento erróneo y se necesita evidencia antes de que puedan emitir juicios. En conclusión, las personas enojadas necesitan hacer una pausa y reunir información completa antes de poder emitir juicio para llegar a mejores conclusiones.

Pensamiento en blanco y negro

Una vez que entiendes que el mundo es un lugar complicado, se hace más fácil aceptar que la primera expresión no siempre es correcta. En el momento de la ira, uno puede no ser capaz de captar la imagen precisa y completa de una situación problemática. Reconocer la complejidad puede ser un desafío para algunas personas enojadas que tienen la costumbre de identificar el mundo como un lugar blanco y negro. La mayoría de las personas enojadas hablan del mundo en generalidades polarizadas, insistiendo en que las cosas deben hacerse siempre de ciertas maneras, o que las personas nunca deben hacer ciertas cosas. También tienden a concentrarse en el lado negativo en lugar de buscar lo bueno en las cosas y reconocer la positividad. Estas personas suelen llegar a conclusiones rápidamente y rara vez se molestan en verificar si su entendimiento es correcto o no. Estas mentalidades de blanco y negro necesitan ser cuestionadas para poder reconocer las sombras de gris antes de que el progreso en el manejo de la ira ocurra de manera duradera.

Hablarlo ayuda

Cuando uno está abierto a la posibilidad de que la primera impresión no siempre sea correcta, hay varias formas de poner a prueba las impresiones para obtener una comprensión mejor y más completa. La mejor manera de comprobar la realidad implica hablar con otras personas que tienen experiencia con tales circunstancias. ¿Qué pensaban que sucedió antes de descubrir la verdad? ¿Cómo encontraron los hechos? ¿Cuál fue la causa real del problema? Cuando consultas a otras personas y ellas ven la situación como tú lo haces, es decir, que has sido perjudicado, entonces estás más justificado para sentirte enojado. Si las otras personas ven la situación de manera diferente, entonces no estás justificado para acusar a la otra persona. La opinión de otras personas puede ayudarte a apreciar la naturaleza compleja de una situación.

Cuenta hasta diez

La siguiente alternativa al método de prueba de la realidad, además de consultar a otros, es utilizar la regla de contar hasta diez antes de actuar. Esta venerable regla también se conoce como darle a la otra persona el beneficio de la duda. A medida que aumenta la ira debido a la situación, uno debe poner freno y contar lentamente. Esto puede combinarse con técnicas de respiración y relajación. Uno debe hacer lo que pueda para calmarse. A continuación, debe tomarse el tiempo para buscar explicaciones alternativas que puedan ayudar a entender la situación de manera más comprensiva.

Por ejemplo, si una persona está conduciendo delante de ti muy despacio y es una autopista libre, podrías pensar primero que lo está haciendo para retrasarte y bloquearte para llegar a tu destino a tiempo. El primer impulso será gritarle al conductor por ser lento e incompetente. Al contar hasta diez antes de soltar tus pensamientos, te das tiempo para considerar las alternativas de las causas de la conducción lenta. Por ejemplo, el coche podría tener problemas mecánicos, o el conductor podría estar exhausto. Tal vez al conductor le han puesto varias multas por exceso de velocidad recientemente, por lo tanto, conduce lentamente para evitar otra. Si una de estas opciones resulta ser cierta, entonces será difícil seguir enojado con el conductor a pesar de que sigas atascado detrás de él/ella.

Capítulo 8: Manejo de la ira y comunicación

Existen diferentes tipos de estilos de comunicación aplicados por las personas. Las personas enojadas suelen adoptar ciertas posturas y posturas de comunicación cuando se comunican con otras personas. En psicología, hay términos utilizados para describir estas posturas de comunicación, cada una con su propio lema:

1. Comunicación agresiva - En esta postura, la persona dice: "Yo soy digno, pero tú no lo eres."
2. Comunicación pasiva - La persona que utiliza esta postura normalmente dice: "No cuento."
3. Comunicación pasivo-agresiva - En esta postura, una persona dice "Soy digno. Tú no eres digno, pero no te lo diré."
4. Comunicación asertiva - Las personas en esta postura dicen: "Yo valgo, y tú también."

Es evidente que la mayoría de las personas enojadas adoptan posturas más pasivo-agresivas y agresivas. Las personas que utilizan una postura agresiva tienen mayores posibilidades de iniciar una discusión, lo que resulta en no alcanzar el objetivo que pretendían. Ser pasivo en la comunicación también es negativo, ya que transmite una aura de debilidad, invitando así a una mayor agresión. La comunicación asertiva es más útil y equilibrada, ya que toma en cuenta los sentimientos de todas las partes involucradas. Es la única postura que comunica respeto por todos. La comunicación asertiva es probablemente la mejor manera de asegurar que cada persona tenga en cuenta sus necesidades. Por lo tanto, es muy imperativo que se aprenda a comunicarse de manera asertiva en lugar de agresiva o pasivo-agresivamente para poder transmitir y recibir mensajes de manera constructiva.

Las personas que tienen el hábito de ser agresivas tienden a malinterpretar el significado de ser asertivas. Para ser específicos, estas personas tienden a confundir agresión y asertividad. Creen que sus acciones y palabras son asertivas. Los dos estilos de comunicación pueden involucrar persuasión y comunicación feroz. Sin embargo, hay cosas fundamentales que difieren; por ejemplo, los comunicadores agresivos tienden a ponerse a la defensiva, mientras que las personas asertivas defienden sus derechos y a sí mismas sin cruzar las líneas de los demás. Típicamente, la comunicación agresiva menospreciará y atacará a los demás independientemente de la situación. Por otro lado, la comunicación asertiva solo usará la ira y la ferocidad al defenderse. La comunicación asertiva no cruza las líneas de los demás innecesariamente.

Manejo de la Ira y Solicitud de Peticiones

El estilo de comunicación que uno utiliza determina la capacidad de una persona para hacer peticiones. Normalmente, las personas que utilizan técnicas de comunicación agresiva tienen dificultades para hacer peticiones de manera efectiva. Recuerda que las personas enojadas normalmente utilizan comunicación agresiva y, por lo tanto, fracasarán al hacer peticiones. Como ya se sienten con derecho, las personas enojadas hacen una suposición errónea de que cada persona debería hacer lo que ellos desean. Por lo tanto, no harán peticiones bajo la suposición de que las personas a su alrededor saben cuándo hacer peticiones y cómo hacerlas. Incluso cuando intentan hacer peticiones, las hacen de tal manera que suena como un mandato, lo que provoca ira en los demás y no harán felizmente la petición. Una petición efectiva debería involucrar claridad, transparencia emocional y respeto.

La claridad se refiere a la formulación de una solicitud bien estructurada que expresa claramente los deseos y necesidades del individuo. Cuando una solicitud carece de claridad, se vuelve difícil de cumplir y probablemente conducirá a la ira, frustración y estrés. Esto es aún más cierto cuando las solicitudes se presentan e interpretan como órdenes. Una solicitud clara debe plantearse explícitamente y debe dar respuestas claras a ciertas preguntas que son; quién, qué y cuándo.

La transparencia emocional implica expresar los verdaderos sentimientos en lugar de hacer acusaciones. Por ejemplo, si uno le dice al otro, "Tú, idiota—eres tan insensible. ¿Qué te pasa que siempre debes olvidar? ¿Dónde está la leche que te dije que compraras? ¿No puedes recordar cosas tan pequeñas?" ¿Puedes sentir la intensidad de la defensa en la declaración? La persona está evitando expresar los verdaderos sentimientos y acusando al otro de ser un idiota. Tal solicitud desanimará a una multitud simpática muy rápido. La solicitud carece de transparencia emocional, por lo tanto, no logra atraer a la otra persona. La transparencia emocional implica la disposición a compartir verdaderos sentimientos. El hablante suena grosero y egocéntrico. Pero si prestamos más atención a los sentimientos, percibiremos que el hablante se siente excluido o descuidado.

Es mejor si uno expresa sus solicitudes con transparencia emocional, compartiendo la verdadera razón de la solicitud. Esa transparencia es probable que motive al oyente a actuar. En el ejemplo dado arriba, podemos reformular "Siento que no te importa cuando olvidas recoger algo para mí. Por favor, recuerda guardarlo para mí la próxima vez." En esta frase, el hablante deja claro que sus sentimientos están heridos cuando la otra persona olvida entregar lo solicitado. Esto resulta en dos cosas buenas: primero, el mensaje es claro, y segundo, no deja espacio para que el oyente adopte una postura defensiva. Cuando las solicitudes se hacen con transparencia emocional, claridad y respeto, hay altas probabilidades de que el oyente lo tome en serio.

El respeto implica formular la solicitud de una manera que haga que la persona quiera cumplir. El respeto hace que las personas se sientan honradas, por lo tanto, son más propensas a ayudar a la persona que hace la solicitud. Al hacer solicitudes, declaraciones como: "Si no es mucho pedir, ¿podrías por favor...?" o "¿Podrías ayudarme por favor...?" o "Te agradecería mucho si tú...?"

Hay una buena fórmula de solicitud que ayuda a transmitir información de manera clara, llamada la Fórmula de Solicitud Asertiva. Esta fórmula involucra tres partes que suman a una declaración completa:

"I feel ____ when you ____ because ____."

Sin embargo, es muy importante asegurarse de no acusar al otro al hacer la solicitud. Por ejemplo, uno no debería decir "Siento que eres tonto." La 'sección de sentir' se trata de cómo te sientes. La fórmula no funciona en acusaciones. Esto se debe a que habrás hecho una acusación y hecho que la otra persona adopte una postura defensiva basada en la declaración de ataque agresivo. Habla sobre ti mismo para obtener mejores resultados. Por ejemplo, puedes decir "Me siento desamparado cuando dejas de llamarme y no me informas que llegarás tarde, porque me preocupo de que puedas estar en peligro."

Capítulo 9: Seleccionando un Programa de Manejo de la Ira

En el estudio científico de las emociones, la ira ha recibido menos atención en comparación con otros problemas como la depresión y la ansiedad. Sin embargo, hay una serie de programas de manejo de la ira que se han identificado para ayudar a reducir y gestionar la ira de manera efectiva. La mayoría de ellos han reducido con éxito la ira poco saludable y ayudan a los usuarios a mejorar las habilidades de afrontamiento adaptativas. Desafortunadamente, no todos los programas han demostrado ser efectivos—por lo tanto, es necesario hacer algunas consideraciones antes de decidirse por cualquiera de ellos. La calidad del programa varía mucho, y mientras que algunos están fundamentados en una sólida investigación científica, otros son solo conjeturas y potencialmente dañinos.

Según los científicos, los mejores programas de manejo de la ira se basan en marcos cognitivo-conductuales. En resumen, las teorías cognitivo-conductuales afirman que las reacciones emocionales humanas están principalmente influenciadas por nuestra interpretación de los eventos más que por los eventos en sí. Por ejemplo, si alguien se enoja por la velocidad de conducción de la persona que está frente a él, no es por el estilo de conducción, más bien, es la creencia e interpretación de que la otra persona podría hacerlo mejor. Los programas de manejo de la ira que se basan en teorías cognitivo-conductuales tienden a prestar atención a enseñar a las personas cómo controlar y reducir su excitación fisiológica y emocional, pensando de maneras menos provocativas. Enseñan al individuo cómo pensar y expresar la ira de maneras productivas. Estos programas enfatizarán el desarrollo de estrategias de autocontrol.

Al seleccionar un programa, aquí hay algunas de las cosas que se pueden considerar:

    i. Los programas basados en teorías cognitivo-conductuales tienden a tener un sólido respaldo de investigación y son más rentables y breves. Muchos de estos programas se pueden completar en 2 a 3 meses.

    ii. Hay algunas prácticas que han sido desaprobadas, pero algunas personas aún las utilizan. Por ejemplo, se desaconsejan esos programas que permiten la expresión agresiva y descontrolada de la ira, como golpear cosas con bates y pegarle a almohadas y sacos. Pueden proporcionar alivio a corto plazo, pero al final, hay una alta probabilidad de aplicar la ira agresiva en el futuro.

    iii. Seleccione un proveedor de tratamiento con el que se sienta cómodo. Solo porque una persona esté utilizando un programa aprobado no significa que sepa cómo aplicarlo. Por lo tanto, es importante que encuentre un buen proveedor.

Dependiendo de las necesidades personales, uno puede optar por trabajar con un consejero profesional o un grupo de apoyo para aprender a controlar la ira. También se puede elegir trabajar por su cuenta utilizando un recurso de autoestudio de su elección. Sin embargo, se debe advertir que cambiar un hábito de larga duración puede ser difícil;

por lo tanto, se requiere mucho compromiso. Un buen sistema de apoyo te ayudará a realizar y mantener un cambio real en el comportamiento. Así, si realmente estás serio acerca de hacer un cambio en la forma en que manejas la ira, es mejor participar en un grupo de apoyo. Te ayudará a llevar un seguimiento de los cambios que haces. Un programa de autoestudio es bueno, pero estarás mejor en un grupo que tenga tus intereses en mente. Los programas formales ayudan a uno a adherirse a una guía estructurada para el cambio, brindan motivación para continuar trabajando hacia sus metas, incluso cuando el deseo de rendirse es abrumador.

A continuación se presenta una lista de diferentes tipos de programas de manejo de la ira de los cuales se puede elegir:

Terapia Individual y Grupal

En este estilo de manejo de la ira, uno trabaja con un psicólogo o un profesional licenciado, ya sea de forma individual o en un entorno grupal. Lo mejor de trabajar con un terapeuta es que tienes a alguien que observa y analiza tu comportamiento y progreso. El terapeuta puede verificar tu progreso desde una perspectiva imparcial y, por lo tanto, ayudará con tus pruebas de realidad. En la terapia grupal, los otros miembros te ayudarán a llevar un registro de tu progreso. También tendrás personas con las que comparar notas. Un terapeuta de manejo de la ira también te ofrecerá más de una forma de comprobar tu ira. En caso de que un programa falle, él/ella sugerirá otras formas que podrían funcionar.

Recuerda que no todos los terapeutas saben cómo usar los programas como están diseñados y podrías empeorar a largo plazo. Por lo tanto, es aconsejable que selecciones a un terapeuta que sea adecuado para ti. Un terapeuta cognitivo-conductual es el mejor para el manejo de la ira porque está mejor informado sobre el control de las emociones. Hay otras cualidades que necesitarás considerar antes de conformarte con cualquier terapeuta. Idealmente, un terapeuta licenciado tendrá la formación adecuada para ayudarte a aplicar las terapias y técnicas de manejo de la ira. Otros tendrán una práctica especial para el manejo de la ira.

Normalmente, un curso de manejo de la ira no se desarrollará como una sesión de terapia tradicional; más bien será como una clase. En estas sesiones de terapia, se ayudará a los participantes a ser más conscientes de sus respuestas cognitivas, emocionales y físicas ante conflictos y la ira. Dependiendo de las necesidades personales, el terapeuta elegirá si trabaja contigo en ejercicios de meditación y respiración para reducir la excitación de la ira. Él/ella también puede optar por ayudarte a aplicar una técnica física y emocional segura y apropiada para liberar la ira. La formación también puede incluir habilidades de comunicación y reestructuración cognitiva.

El efecto de la terapia puede tardar diferente tiempo en diferentes personas. En promedio, el progreso se verá después de 8 a 10 sesiones. El progreso está parcialmente determinado por tu esfuerzo y dedicación personal, que incluye; la asistencia regular a las sesiones de terapia, cuán en serio tomas las lecciones y la seriedad que le pones a practicar tu tarea.

Clases de Manejo de la Ira

Las clases de manejo de la ira suelen estar disponibles a través de empleadores, una variedad de organizaciones y diferentes secciones de la comunidad. Las clases de manejo de la ira difieren en calidad y duración. Mientras que algunas de las clases se extienden durante un largo período de tiempo, hay otras que duran solo un corto tiempo, como un fin de semana. Cualquiera que sea tu elección, es mejor elegir un programa que dure más de un fin de semana; te proporcionará información más sostenible. Cuanto más larga sea la clase, más información reunirás para tu proceso de cambio. Sin embargo, independientemente de la duración del programa, se te asignarán proyectos de tarea y cuestionarios para seguir el progreso a lo largo de tu curso.

Es importante que estés al tanto de tus necesidades personales y pienses cuidadosamente en tus necesidades cambiantes. Si tu ira surge más con compañeros de trabajo en el lugar de trabajo, tal vez un seminario de manejo de la ira te beneficiaría. Si tu ira es contra un cónyuge, entonces te beneficiarías más de la terapia de pareja. Cualquiera que sea el camino que elijas, asegúrate de que el camino seleccionado esté aprobado y te guiará hacia tus objetivos.

Autoestudio

Puedes aprender maneras de manejar la ira por tu cuenta de varias maneras. Hay grabaciones de video y audio que permiten a uno completar programas de manejo de la ira en su propio espacio y tiempo y a un ritmo personal. Algunos de estos grupos ofrecen a la persona una plataforma en línea a la que contribuir, apoyo a través de correo electrónico o teléfono, e incluso grupos de chat de apoyo.

Si deseas un enfoque más especializado para manejar tu ira, por ejemplo, un programa diseñado para una madre trabajadora o para un ejecutivo corporativo, hay una gran colección de recursos en las bibliotecas y en línea. Puedes hacer un poco más de investigación antes de decidirte por un programa o clase.

Siguiendo el Programa de Manejo de la Ira

Llegará un día en que dejarás de planear cómo manejar la ira y realmente lo llevarás a cabo. Independientemente de si persigues tus objetivos de manejo de la ira personalmente o a través de un grupo de apoyo, un día necesitarás realmente cambiar tu comportamiento. Como se requiere mucho trabajo para cambiar un comportamiento que se ha desarrollado con el tiempo, es importante que te comprometas realmente con tu curso y te mantengas en él hasta que veas resultados positivos. Hay una serie de estrategias que puedes seguir para lograr un buen manejo de la ira. Estas estrategias dan estructura al programa que elegiste y te ayudarán a mantener el compromiso. Si no sigues un programa de manera sistemática, no te beneficiarás de un programa de manejo de la ira, incluso si es la mejor y más confiable técnica.

Adhiérete a un programa durante el tiempo recomendado. Tendrás mayores posibilidades de ver cambios si sigues un programa de manejo de la ira diseñado profesionalmente; obtén una buena guía para entrar en el programa. Aunque un programa diseñado personalmente puede funcionar, es mejor dedicar tu tiempo a centrarte en cómo cambiar tu comportamiento en lugar de cómo diseñar una técnica de manejo. En la mayoría de los casos, un programa diseñado profesionalmente te ofrecerá apoyo a nivel personal y grupal. Un líder de grupo te ayudará a mantener el progreso incluso cuando la tentación de rendirte sea alta. El apoyo que recibas puede ser emocional o técnico. A medida que te emociones, también motivarás a otros. En el proceso, a veces brindarás a otras personas la ayuda que necesitan. Esto te motiva a buscar la tuya.

Algunas personas saben bien que un programa grupal no funcionará para ellas y otras pueden no lograr encontrar una clase que se ajuste bien a sus necesidades, por lo tanto, optarán por hacer su propio plan. Aún así, se les aconseja seguir un horario establecido al hacer uno personalizado. También es importante que selecciones a una o dos personas para que te ayuden a verificar tu progreso. En términos simples, tener un plan estructurado te ayudará a tener éxito en la gestión de tu ira.

Terapia Cognitivo-Conductual para el Manejo de la Ira

Uno de los tipos de psicoterapia más utilizados es la terapia cognitivo-conductual. Esta terapia tiene como objetivo el tratamiento, ya que ayuda a la persona enojada a reconocer los pensamientos negativos y autodestructivos que están provocando la emoción. Esta forma de terapia ha demostrado ser la más efectiva para el manejo de la ira. Normalmente, formas ineficaces de manejar los impulsos de ira pueden llevar a patrones de reprimir sentimientos hasta que exploten, lo que conduce a serios problemas tanto en el trabajo como en otras relaciones. Nuevamente, una mala gestión del estrés puede aumentar el resentimiento y la ira, y al final, uno no sabrá cómo expresar tales emociones de manera efectiva.

La terapia cognitivo-conductual para el manejo de la ira puede incluir:

- Entrenamiento de mindfulness

- Entrenamiento en tolerancia a la angustia,

- Reestructuración cognitiva de pensamientos disfuncionales

- Desarrollo de habilidades de asertividad

- Entrenamiento en regulación emocional

En términos simples, la TCC te ayudará a entender cómo cambiar tus pensamientos, comportamientos y sentimientos. Al apuntar a la forma en que reaccionas a las situaciones, esta terapia te ayuda a actuar de manera más efectiva. De hecho, enseña a sentirse mejor acerca de una situación incluso cuando no se puede cambiar. Hay una serie de beneficios que hacen que la TCC valga la pena, incluyendo el hecho de que está orientada a objetivos. La TCC se centra en las situaciones presentes; es breve, está bien investigada e involucra actividades en equipo.

Terapia Cognitivo-Conductual – Orientada a Objetivos

A diferencia de un buen número de terapias conversacionales, la TCC es una terapia de resolución de problemas que ayuda a alcanzar sus objetivos. Los objetivos pueden ser desde llevarse bien con un jefe hasta estar en una relación duradera. Uno podría buscar ayuda para el manejo de la ira con la intención de reducir los sentimientos de depresión o ansiedad. Una vez que el paciente ha logrado sus objetivos, trabajará junto con el terapeuta y decidirán si hay algo más que deben hacer.

Terapia Cognitivo-Conductual – Enfocada en el Presente

La TCC normalmente se concentra en las situaciones actuales y las dificultades presentes que son angustiantes. El enfoque en el aquí y ahora ayuda al paciente a resolver problemas actuales de manera más efectiva y rápida. Identificar los desafíos individuales y centrarse en ellos uno por uno de manera estructurada y consistente resulta en la obtención de mayores beneficios del tratamiento y en alcanzarlos en un período de tiempo más corto que en otras terapias conversacionales.

Terapia Cognitivo Conductual – Activa

La terapia cognitivo-conductual requiere colaboración y trabajo en equipo. El paciente y el terapeuta tienen que trabajar juntos para resolver problemas. En lugar de esperar a que el problema desaparezca después de escuchar una charla interminable, el paciente tiene la oportunidad de hacer sugerencias en las sesiones. Hay tareas de autoayuda y herramientas que se utilizan entre las sesiones. Ayudan al paciente a acelerar el proceso de curación. Cada sesión explora una forma diferente de pensar de manera diferente. El paciente desaprende reacciones no deseadas mientras identifica nuevas formas de manejar la ira.

Terapia Cognitivo Conductual – Breve

La TCC está limitada por el tiempo, lo que significa que una vez que tú y el terapeuta han identificado que has mejorado, puedes terminar la sesión o ponerla en pausa por el período que desees. En consecuencia, la TCC es más corta que las otras terapias de conversación tradicionales que pueden durar años. Un buen número de personas termina la TCC en unos pocos meses. Es importante señalar que no todas las personas responden rápidamente a la terapia. Algunas personas necesitarán terapia adicional para crear un cambio duradero. Los pacientes con serios desafíos crónicos pueden necesitar un plazo largo, entre 6 meses y varios años. Sin embargo, incluso para los pacientes que necesitan más tiempo en terapia, la TCC sigue siendo la preferida.

Terapia Cognitivo-Conductual – Bien Investigada

Esta terapia es una de las pocas que han sido comprobadas científicamente. Los investigadores han descubierto que es efectiva. Hacer grandes cambios puede ser muy desafiante; por lo tanto, se necesitará mucho apoyo. Una terapia bien investigada te ayudará a manejar la ira de manera más efectiva.

Los pasos seguidos en la terapia cognitivo conductual incluyen:

1. Conciencia de tus emociones y pensamientos en torno al desencadenante de la ira
2. Identificación de las circunstancias o situaciones en tu vida que conducen a la ira
3. Reconocimiento de patrones de pensamiento negativos e inexactos
4. Aprender patrones de pensamiento más saludables y positivos

Hay muy pocos riesgos asociados con la terapia cognitivo-conductual, y hay muchos beneficios. Se debe advertir que es posible que se le pida que recorra su pasado y recuerdos dolorosos, pero lo hará bajo una buena orientación.

Otras opciones de programas de tratamiento

Hay varias opciones disponibles para las personas que buscan gestionar la ira, incluyendo tratamiento hospitalario y ambulatorio. Las opciones de tratamiento modernas son específicas y efectivas, y en la mayoría de los casos, darán resultados en tan solo 6 a 8 semanas.

A medida que uno revisa estas opciones, debe saber que la ira no es algo de lo que se pueda deshacerse. Es una parte saludable de la vida compartida por todas las personas en todas partes. El objetivo de estas opciones de programa es ayudar a uno a manejar la ira antes de que se convierta en destructiva o dé lugar a todo tipo de problemas personales. No se puede curar la ira, pero se puede manejar el efecto y la intensidad. Algunas estrategias terapéuticas pueden ayudar a uno a reducir la reactividad. Uno incluso puede aprender a aplicar más paciencia frente a situaciones y personas que no puede controlar.

La mayoría de las terapias se concentran en habilidades de resolución de problemas, habilidades de comunicación y en la evitación de ciertas situaciones, el humor y el comportamiento cognitivo. Es posible que uno trabaje a través de la ira sin ayuda externa, pero un terapeuta ayudará a avanzar por el programa más rápido.

Programas de Tratamiento de Manejo de la Ira Residenciales / Internos

Si la ira está afectando la vida diaria de una persona, entonces se puede recomendar un centro de manejo de la ira para pacientes internos o residenciales. Podría ser importante que una persona esté con un equipo de personal de tratamiento dedicado en condiciones controladas si él/ella:

- Está en problemas con la ley debido a problemas de ira

- Atacar a un cónyuge o a los hijos, especialmente de forma física.

- Está experimentando discusiones constantes e incontroladas con compañeros de trabajo y miembros de la familia.

- Está amenazando con violencia a personas y propiedades

- Cree que todo estará bien si suprime la ira.

- Pierde el control de sí mismo cuando está enojado

Dado que el objetivo del tratamiento de manejo de la ira es reunir las herramientas necesarias para expresar la emoción de manera constructiva, segura y saludable, un terapeuta o profesional es la mejor opción para ayudar.

Beneficios de los tratamientos de manejo de la ira internos

El tratamiento residencial para el manejo de la ira ayuda a aprender cómo tener control sobre la frustración y la ira. Un terapeuta en la casa puede ayudar a un paciente a reconocer situaciones peligrosas y a ser más consciente de las señales de advertencia cuando la rabia está a punto de aparecer. Además, el tratamiento residencial te ayudará a entender formas de evitar la supresión de la ira, lo que conducirá a la depresión, la hipertensión, la ansiedad y problemas cardíacos. Más importante aún, el tratamiento residencial ayuda a desarrollar estrategias de manejo alejadas del mundo exterior y de los desencadenantes.

Hay diferentes aspectos que uno debe considerar antes de seleccionar una instalación residencial. Solo porque sea una instalación de tratamiento no significa que tenga que tener condiciones estériles e inhumanas. Varias de estas instalaciones de lujo son cómodas y serenas. Un buen ambiente facilitará un estado mental positivo, lo que ayudará a aprender más rápido.

Programa de Manejo de la Ira para Ejecutivos

Estos programas están diseñados para ejecutivos, abogados, médicos y otros profesionales que desean discreción y privacidad y desean beneficiarse de un programa uno a uno. Las estrategias efectivas de manejo de la ira no solo beneficiarán a un ejecutivo individual cuando interactúe con empleados, clientes o pacientes; también les ayudará a formular políticas organizacionales sólidas. Cuando un profesional puede manejar la ira y el estrés de manera positiva, está mejor posicionado para instruir y trabajar con otros.

En los programas de manejo de la ira para ejecutivos, los individuos pueden esperar aprender maneras de:
1. Comuníquese de manera directa y respetuosa;
2. Restaurar la confianza;
3. Reparar relaciones rotas, encontrar resoluciones positivas para personas y situaciones estresadas y estresantes;
4. Controla la reactividad emocional;
5. Resuelve conflictos de manera saludable; y
6. Empatiza con los clientes y compañeros de trabajo.

Programas de Tratamiento de la Ira Ambulatorios

En algunos casos, una persona está dispuesta a asistir a un programa de manejo de la ira, pero no está en posición de asistir a una sesión de internación. Por ejemplo, si un trabajo es demasiado exigente, o hay una familia joven involucrada, uno podría no poder manejar un programa residencial. Además, si su problema de ira no representa amenazas físicas para las personas o cosas, entonces podría no necesitar un programa residencial. Un programa ambulatorio es el mejor para una persona así. Muchos programas ambulatorios ofrecen consejería intensa para los individuos, y generalmente duran de seis a ocho semanas. También ayudan al paciente a prepararse para un seguimiento más continuo en casa. Con los programas ambulatorios, uno tiene que lidiar con situaciones y personas externas porque el ambiente no está controlado. Así, se beneficiará del apoyo de amigos y familiares.

Encontrar la Mejor Instalación de Tratamiento para el Manejo de la Ira

Una vez que estés listo para tomar el control de tu ira y hayas decidido buscar ayuda, es importante considerar una serie de cosas. Si optas por una instalación, busca una que ofrezca una evaluación integral, tratamiento adecuado y servicios de seguimiento. Habla directamente con los profesionales de la instalación y pregúntales sobre sus calificaciones y experiencias. Puede sonar como mucho, pero estarás mejor sabiendo los métodos y resultados esperados en lugar de hacer conjeturas. Expresa todas tus preocupaciones a ellos y asegúrate de que los facilitadores expliquen los costos totales del programa. Algunos seguros de salud cubren ayuda para pagar parte de esos gastos.

Obtendrás más del programa que elijas si:
1. Tratas a tu terapeuta como un compañero en lugar de un supervisor;
2. Eres abierto acerca de tus pensamientos y sentimientos;

3.
    Te mantienes constante y sigues el plan de tratamiento;
4.
    Recuerdas que la determinación y la paciencia conducen a resultados;
5.
    Te comunicas bien con tu equipo, especialmente al enfrentar desafíos; y
6.
    Haces tu tarea.

El Compromiso Contractual

Es aconsejable que uno elabore un contrato que establezca el plan específico detallando las cosas que desea practicar en el transcurso del programa de manejo de la ira. La mejor parte de firmar un contrato así es que te habrás proporcionado apoyo y estructura a seguir. Estos dos aspectos son importantes para tu éxito. Imprime el contrato en una página y firma con tinta. Si tienes personas que te apoyan en tu búsqueda, puedes pedirles que firmen como testigos de tu progreso. También puedes considerar publicar el contrato firmado en un lugar público, por ejemplo, en tu casa, para que las personas a tu alrededor puedan entender lo que buscas y incluso ayudarte. Hacerlo público fortalecerá tu compromiso y ayudará a las personas a tu alrededor a apoyarte.

Los detalles que debes incluir en el contrato tienen que ser muy específicos. Por ejemplo, necesitas anotar:
    a.
        Tus objetivos - lo que esperas obtener del programa

b.
   El plan - lo que necesitas hacer para alcanzar tus metas
c.
   Cuándo y cómo practicarás las cosas que has planteado

Al hacer el contrato, sé muy específico con los objetivos, evita usar generalidades como 'Quiero dejar de sobre reacciones.' Tales objetivos ambiguos son imposibles de medir de manera específica y, por lo tanto, dejan demasiado margen para saltar de un extremo a otro con una falsa sensación de logro. En lugar de establecer algunos objetivos poco realistas y vagos, describe situaciones reales que te enojen y detalla cómo tienes la intención de cambiarlas. Escribe las técnicas que vas a utilizar para confrontar esas situaciones. Repite las técnicas si es necesario. Repetir cosas ayuda a recordar y entender.

Tómate un tiempo.

En el contrato, asegúrate de incluir tomarte un tiempo. Esto significa que te alejas voluntariamente de una situación que te está generando ira. Por ejemplo, si no estás de acuerdo con tu cónyuge, haz un acuerdo para que te alejes de la situación tensa y tomes espacio para calmarte. Ten en cuenta que si no te alejas, es probable que la situación se salga de control. Tómate un tiempo para alejarte, pensar de manera crítica y calmarte.

Los descansos pueden ayudarte a ordenar la situación mientras estás en un mejor estado de ánimo. De manera similar, si las demandas familiares te abruman habitualmente cuando llegas a casa después del trabajo, asegúrate de tomar un descanso antes de llegar a la casa.

Durante este tiempo, asegúrate de relajarte. No confundas beber alcohol como una forma de relajarte; es una manera poco saludable de desestresarte. Una buena manera podría ser ir al gimnasio o tomar una clase de yoga. Simplemente date una zona de amortiguamiento: un espacio para hacer algo que te interese. Tomar un descanso te ayudará a relajarte de tal manera que, una vez que llegues a casa, podrás apreciar las cosas buenas de tu familia sin ser hostil o malhumorado. Unos minutos de tiempo para ti te ayudarán a manejar situaciones cuando llegues a casa.

En el contrato, acuerdas que practicarás técnicas de relajación y respiración de manera regular. Es preferible que las practiques a diario. Aprender a mantener la calma requiere que entiendas formas a través de las cuales reaccionas menos violentamente sin importar el estrés involucrado en la situación. En consecuencia, se te requerirá que aprendas a relajarte hábilmente. Algunas de las técnicas de relajación más efectivas que puedes usar para calmarte incluyen la meditación, la respiración profunda así como ejercicios físicos. Con práctica y paciencia, estas técnicas se convierten en una forma proactiva de minimizar tu excitación general de ira.

Examinando el pensamiento

En tu contrato, incluye una sección para revisar pensamientos. Como se vio anteriormente, los primeros pensamientos que le ocurren a uno cuando está enojado son normalmente juiciosos e imperfectos porque se basan en información incompleta. Cuando simplemente te concentras en las impresiones incompletas, es probable que ataques a las personas que te rodean, y esto no será un movimiento inteligente. En lugar de simplemente explotar cuando estés enojado, prométele a ti mismo que evaluarás crítica y cuidadosamente las situaciones que provocan ira. El mejor momento para evaluar tu enojo es durante la sesión de tiempo fuera, justo antes de que el enojo disminuya o se descontrole. Aprende a identificar los tipos de situaciones que desencadenan tu ira y los pensamientos que te vienen a la mente cuando estás furioso. Haz consideraciones serias sobre si es bueno para ti reaccionar cuando estás enojado. Abstente de actuar por reacciones emocionales automáticas (que normalmente están equivocadas) y piensa crítica y lógicamente sobre las situaciones.

Comunicación asertiva

En el contrato, indica claramente que dedicarás un tiempo todos los días para practicar habilidades de habla asertiva. Podrías buscar un libro sobre comunicación asertiva y leerlo. Escribe las cosas que normalmente le dices a las personas de manera agresiva. Luego, reescríbelas de manera asertiva. Practica las frases asertivas con personas, frente a un espejo o durante sesiones de juego de roles. Si sientes que te vas a meter en una situación que te enojará, practica las afirmaciones asertivas de antemano; te ayudará a enfrentar la situación real.

Además de practicar la comunicación asertiva, que consiste principalmente en transmitir tu mensaje, también es importante que practiques escuchar a otras personas. Es necesario convertirse en un oyente hábil que participe en la conversación de manera constructiva. Al final, ampliarás tus posibilidades de obtener lo que deseas de los demás.

Duración del contrato

Es importante tener un marco de tiempo para su programa

de manejo de la ira. Idealmente, no debería ser demasiado largo; tampoco debería ser demasiado corto. Podría desarrollarse a lo largo del período del programa que seleccione. Sin embargo, una mejor opción es desglosar el contrato en períodos más cortos pero vinculados. Por ejemplo, un contrato podría durar de uno a cinco días - o la duración que mejor se adapte a su plan. Algunas personas comienzan con un contrato que dura veinticuatro horas, mientras que otras eligen unos pocos días. Cuando finaliza un contrato, la persona escribe uno nuevo, haciendo nuevos compromisos.

La ventaja de los contratos cortos es que te permiten adaptarlos a los cambios que estás experimentando. A medida que aprendes nuevas técnicas, el contrato renovado te permite evaluar tus prácticas. Los contratos cortos también te permitirán sentirte exitoso cuando hayas logrado el objetivo a corto plazo—dándote así la motivación para perseguir el siguiente. Recompénsate por cada contrato logrado, tómate un tiempo para sentirte bien al respecto y luego comienza con el siguiente. Ya sea que optes por un contrato diario o uno de más largo plazo, debes firmarlo y asegurarte de que los testigos también confirmen tus logros. Guarda el contrato, o publícalo en un lugar público como recordatorio.

Deja que las personas te ayuden

Tu familia, parejas, amigos e incluso asociados estarán en una mejor posición para reconocer el momento en que te estás enojando. Por lo tanto, es recomendable incluirlos en el plan si es posible. Puedes acordar con tu equipo de asistencia una señal que puedan darte cuando te vean empezando a caer en el viejo hábito de la expresión agresiva. Una vez que veas la señal, asegúrate de cambiar tu comportamiento; de lo contrario, la ira se intensificará. Algunas técnicas que podrían ayudarte a evitar esta escalada incluyen tomarte un tiempo fuera o acordar manejar la situación más tarde cuando estés emocionalmente estable.

Recompénsate

Las recompensas actúan como buenas fuentes de motivación. Por lo tanto, es importante que incluyas tus recompensas en el contrato. Ten una recompensa por cada vez que logres un objetivo establecido en el contrato. Sin embargo, la recompensa debe ser saludable y sensata, preferiblemente, algo de lo que puedas prescindir en caso de que no alcances tus metas. También debería ser un regalo que te haga esperar con ansias ganar, uno que te haga sentir bien si lo obtienes. Por ejemplo, podrías darte un gusto con algo que has estado esperando, como asistir a un espectáculo de ópera.

Capítulo 10: El uso de técnicas de manejo de la ira: juntándolas

Hemos revisado una variedad de información y una serie de técnicas que se pueden utilizar para gestionar y desarrollar una ira saludable en los temas anteriores. Uno puede querer practicar estas técnicas de forma aislada, pero no necesariamente tiene que ser así. Puedes combinar cualquier número de técnicas que funcionen para ti siempre y cuando ayuden a lograr los objetivos.

Cuando te sientes provocado a la ira por una situación particular, detente y haz consideraciones. Reflexiona antes de responder. Los siguientes pasos resumen las técnicas de manejo de la ira:

1. Inmediatamente, cuando sientas que te sientes enojado, detén tu línea de pensamiento y acción. Una vez que reconozcas que tu ira está aumentando, cambia o detén tus pensamientos y acciones, podrías pensar en algo más placentero. Si la imagen mental funciona para ti, intenta visualizar una señal de alto roja.

2. Cuando la ira comienza a aumentar, los mecanismos del cuerpo también comienzan a cambiar. Por ejemplo, la frecuencia del pulso aumenta y la presión arterial se eleva. Para contrarrestar estas señales físicas, utiliza la

técnica de relajación y respiración. Puedes elegir una palabra para recitar con el fin de invocar un estado de calma. Por ejemplo, podrías usar las palabras calma y fresco repetidamente.

3. Dale un pensamiento a la situación e intenta identificar los desencadenantes que provocan tu ira. Pregúntate cosas como; ¿qué pensamientos están ocupando mi cabeza en este momento? ¿Qué siento? ¿Cómo está respondiendo mi cuerpo? ¿Estoy considerando todo el escenario o solo la primera impresión? ¿Qué quiero? ¿Quiero venganza y realmente vale la pena? ¿Qué pasaría si actúo agresivamente? ¿Qué consecuencias enfrento? ¿De qué otras maneras puedo responder a la situación en lugar de actuar por ira? ¿Harán la situación peor o mejor?

4. Una vez que hayas hecho las consideraciones anteriores, considera la forma en que quieres responder. Es mejor si trabajas para identificar una respuesta asertiva más que una agresiva.

5. Responde. Después de hacer todas las consideraciones, pensar, repensar y verificar los hechos, hablar con alguien sobre la situación, etc., cuando tengas los detalles claros, responde.

En la mayoría de los casos, el calor del momento cuando uno está enojado hace que la situación parezca requerir una respuesta muy urgente. Te darás cuenta de que la situación en realidad no necesita una respuesta drástica inmediata; es mejor si tomas un tiempo y reconsideras. La urgencia de la situación suele ser una ilusión, y una vez que te calmas, se vuelve más clara. La intensa excitación del momento contribuye a la impaciencia.

Cuando sientas que la ira está en aumento y la intensidad del momento se vuelva demasiado intensa, sería de gran ayuda pedir un tiempo fuera y utilizar algunas de las técnicas de manejo de la ira para analizar la situación. Mientras te desvinculas de la situación de ira, usa una declaración educada para excusarte, como "Me siento molesto ahora, déjame alejarme un momento y continuar con esta conversación más tarde." El tiempo fuera interrumpirá tu proceso de ira, y una vez que regreses a la situación, tu mente estará renovada y más receptiva. Es mejor si vuelves a abordar el caso de una manera asertiva en lugar de agresiva.

Si la situación no te permite tomar un descanso, intenta los siguientes pasos:

1. Evita las acusaciones. En lugar de señalar las faltas de la otra persona de manera agresiva, utiliza la declaración en primera persona para explicar tus sentimientos y hacer una solicitud. El objetivo de la comunicación es hacer que las otras personas conozcan tu posición, no menospreciarlas ni golpearlas.

2. Mientras hablas, no mires a la persona directamente a los ojos; más bien, haz contacto visual intermitente en intervalos. Mirar demasiado durante una confrontación se percibe como agresión, mientras que el contacto visual intermitente muestra valentía y la voluntad de defender lo que crees.

3. Al escuchar a otras personas, asegúrate de practicar la escucha activa. Evita la declaración "sí, pero". Esto normalmente desvía la atención de la otra persona hacia ti. En consecuencia, si el

'sí, pero' continúa, la otra persona se siente excluida.

4. Al hablar, evalúa si tus necesidades han sido escuchadas. ¿Crees que la persona a la que le estabas transmitiendo el mensaje entendió todo lo que dijiste? En un momento acalorado, la persona con la que te estás comunicando podría malinterpretar el mensaje porque se centra demasiado en la excitación. En caso de que te des cuenta de que él/ella no entendió tu mensaje, entonces reformúlalo de otra manera. Ten en cuenta que la persona podría estar demasiado enojada para entenderte; por lo tanto, podrías necesitar desacelerar y permitir que se desahogue. No todas las personas enojadas son capaces de utilizar las técnicas de control que has aprendido. Si la comunicación resulta ser imposible, es importante que te desconectes y continúes en otro momento.

5. Cualquiera que sea tu decisión, evita entrar en una reacción prematura. Tomará tiempo y práctica resolver las cosas con paciencia, pero al final valdrá la pena. Tómate más tiempo cuando estés enojado, retrasa tu respuesta, espera un poco más. Si tu opción es perder los estribos o irte, elige irte. Es mejor mantener el control que ganar a través de la agresión.

La práctica hace la perfección

Recuerda que es muy difícil y probablemente imposible aprender a manejar la ira de la noche a la mañana. Sin embargo, habrá muchas oportunidades en tu vida en las que podrás practicar diferentes técnicas. También puedes aprender a aplicarlas más si ejercitas a través de juegos de roles. Estas prácticas ayudarán a simular y controlar tus disparadores.

El juego de roles se puede realizar de manera personal o con una pareja. Sin embargo, el juego de roles se aplica mejor si tienes un grupo de apoyo; uno donde compartas los objetivos. Usa la lista de desencadenantes para crear situaciones que presenten los desafíos de manejo de la ira. Si no estás trabajando con una pareja, ponte frente a un espejo y háblate a ti mismo. Puede sonar loco, pero los actores profesionales lo hacen la mayor parte del tiempo para mejorar sus habilidades de actuación. Toma un papel como si estuvieras hablando con alguien con quien estás enojado. Metete en el personaje de la manera más realista posible. Haz que tu imaginación sea lo más vívida posible. Habla en voz alta e imagina las respuestas más realistas. Al principio, te sentirás incómodo hablándote a ti mismo en voz alta frente a un espejo, pero con el tiempo, la ansiedad desaparecerá y te sentirás más cómodo con la práctica.

Si tienes acceso a compañeros y grupos con los que interpretar los roles, mejor; será más fácil hacer un seguimiento de tu desarrollo cuando hay otras personas involucradas. Es más fácil dirigir las emociones hacia alguien, aunque sea solo un acto. Mantente en control tanto tiempo como puedas y mantén el personaje. La práctica hace la perfección.

Ira y Abogacía

¿Qué te enoja? ¿Es un mal trato en la oficina? ¿O una enfermedad particular que afecta a alguien que amas? ¿El hecho de que la sequía esté matando personas? ¿Hay informes sobre el trabajo infantil?

La buena ira ha ayudado a las personas a encontrar soluciones para muchos desafíos a lo largo de los siglos. Por ejemplo, la ira hizo que las personas lucharan contra la esclavitud. Esta emoción hizo que los luchadores por la libertad enfrentaran a sus opresores. La ira también hizo que las mujeres lucharan por sus derechos al voto y al trabajo. Las altas facturas hospitalarias hicieron que las personas lucharan por el seguro.

¿Cómo puedes usar tu ira de una buena manera? Conviértela en defensa. Inicia un movimiento que luche a favor o en contra de un curso particular. Si tu ira proviene de las imágenes de niños en ciertos lugares del mundo muriendo de ira, inicia un curso que sensibilice a las personas al respecto. Si es por una enfermedad que te quitó a un ser querido porque no tenías suficiente información, inicia una plataforma donde las personas puedan aprender más sobre ello.

Enfocarse demasiado en tu ira solo causará resentimiento. Busca formas de bendecir a los demás con tu energía. La defensa puede parecer difícil al principio, pero con el tiempo, tendrás un rumbo que valga tu energía.

Capítulo 11: Recaídas y Tratamiento de la Ira

Mientras uno trabaja para superar un problema de ira, hay momentos en los que ocurrirán recaídas. La persona probablemente volverá a antiguos hábitos de ira, como enojarse de manera inapropiada, ser beligerante y agresivo. Las recaídas, deslices y lapsos son prácticamente inevitables en los programas de manejo de la ira; por lo tanto, uno tendrá que planificar para ellos. Lo más importante es negarse a rendirse.

No importa lo desafiante que sea, no permitas que un desliz sea tu excusa para abandonar un programa de manejo de la ira. Trata los fracasos como experiencias de aprendizaje. Examina cuidadosamente los eventos que provocaron la recaída y aprende cómo ocurrió la situación. ¿Qué parte de tu plan de manejo de la ira fue insuficiente para la situación? La información que recopiles de este análisis te ayudará a ajustar tu programa para que funcione mejor la próxima vez.

En el proceso de planificación para recaídas, es importante que busques eventos problemáticos por adelantado y te prepares mentalmente para ellos. Si aún no has buscado ayuda profesional, sería el momento de hacerlo. Si has pasado por programas de asesoramiento y tratamiento, las sesiones de refuerzo pueden hacer maravillas para ayudarte a seguir con tu vida. Las sesiones de refuerzo implican volver a tu terapeuta y recibir asistencia adicional sobre tu problema. Esta sesión de refuerzo podría incluir revisar las estrategias de manejo de la ira que estás utilizando, comprobar los factores de estrés actuales y obtener una opinión objetiva sobre tu próximo paso. Las sesiones de refuerzo no indican que hayas fracasado.

Mentalidad sobre las recaídas

Hay una alta probabilidad de que la mayoría de las personas cometan errores o tengan una recaída. Una cosa a tener en cuenta es tus pensamientos hacia el desliz. Las mentalidades mejoran o empeoran las cosas para nosotros. Si te castigas a ti mismo por una recaída, es muy probable que tengas más problemas con la ira. A menudo, las personas piensan que la autocrítica abusiva es una fuente de motivación, pero en realidad no lo es. Hay algunos pensamientos racionales e irracionales identificados en personas que tienen lapsos, y se ha observado que una línea de pensamiento puede determinar si la persona se recuperará o seguirá teniendo recaídas. Algunos de estos pensamientos incluyen:

Irracional	Racional
No llegaré a ninguna parte con esto.	He mejorado mucho en muchos aspectos. He aprendido muchas habilidades nuevas y en realidad puedo manejar mi ira mejor.
Soy una criatura horrible.	Soy humano y propenso a errores.
Nunca mejoraré.	Mi tendencia ha sido buena. Este es solo un contratiempo que superaré.

Mantente fiel a tu plan.

El manejo de la ira implica diferentes técnicas y habilidades como la respiración profunda y la relajación, la comunicación asertiva, la identificación de los desencadenantes y su contrarresto, el perdón, el cambio de mentalidad y el distanciamiento de la rumia. Con el tiempo, sentirás la tentación de dejar algunas de las técnicas que parecen haber cumplido su función. Eso podría ser en realidad el comienzo de tu recaída. No dejes de usar una habilidad de afrontamiento solo porque sientas que está fuera de servicio. Sigue practicándola. Si has dejado una habilidad, retómala. Te llevará mucho tiempo dejar de usar estas técnicas y, incluso entonces, es posible que tengas que sacarlas de la tienda y practicarlas en algún momento u otro.

Otro paso para recuperarse de las recaídas es verificar aquellas estrategias y técnicas a las que no prestaste atención. Esos trabajos que no completaste al evaluar son donde podría estar la debilidad. No tienes nada que perder al revisar tu trabajo anterior.

Busca retroalimentación.

Las personas que te rodean, como cónyuges, familiares y amigos de confianza, pueden ayudarte a rastrear la causa de tu recaída. Simplemente, pueden ser tus salvavidas en la búsqueda de manejar la ira. Cuando experimentes una recaída, puedes pedirles que te ayuden a señalar el momento en que recaíste y las causas. Estas personas pueden ayudarte a detectar una regresión antes de que se salga de control.

Sin embargo, es importante que entiendas que estas

personas solo te ayudarán si se lo pides. Pídeles que busquen cosas que indiquen que te estás descomponiendo. Deberían saber cómo te comportas cuando estás bien y cuando estás enojado. Desarrolla una señal, una palabra o señal que te darán cuando noten que estás perdiendo la calma.

Algunos de los signos y palabras que puedes usar incluyen: un toque en el hombro, un saludo con la mano, una pregunta como '¿estás bien?' o una solicitud simple como "respiremos."

Normalmente, la primera reacción al ver la señal es la negación, creyendo de forma reflexiva que no estás enojado. Intenta evitar un estado defensivo. Los salvavidas son muy objetivos, por lo tanto verán las debilidades antes que tú.

Incentívate.

Después de una recaída, es importante que te incentives. La motivación puede venir de hacer una lista de las razones por las que quieres cambiar. Identifica las tres razones que dominan tu vida, por ejemplo, si has perdido demasiados amigos, o te has avergonzado demasiado, buscando así formas de protegerte de más daños. Mantener estas razones en mente te ayudará a levantarte. Puedes identificar muchas razones, pero elige las tres o cinco principales para ayudarte a levantarte. Detente y reflexiona sobre cada objetivo y la importancia de tu plan.

Signos de advertencia de una recaída

Las siguientes señales de advertencia pueden ayudarte a identificar cuándo está a punto de ocurrir una regresión:

1. El regreso de la negación - Esto implica la incapacidad de reconocer y decirle a otras personas lo que sientes y piensas. Esta negación puede ocurrir incluso cuando no puedes reconocer que se está produciendo un desliz y estás volviendo a un comportamiento agresivo.
2. Preocupación por el bienestar - Esto se refiere a la falta de confianza en su capacidad para controlar la ira. Puede ocurrir cuando te encuentras en un escenario agravante y tienes dificultades para controlarte.
3. Defensividad - Cuando se avecina una recaída, hay posibilidades de que tomes una postura defensiva al hablar de ti mismo. Esto ocurre a menudo cuando no quieres admitir que estás retrocediendo hacia los viejos hábitos.
4. Crisis acumulativa - Te sentirás abrumado por la vida y por la incapacidad de controlar las cosas. También sentirás que cada vez que resuelves uno, aparecen dos problemas más. Esto ocurrirá a menudo si tus planes son demasiado estresantes o exigentes.
5. Evitación - Esto implica evitar el hecho de que algo puede hacer que los antiguos sentimientos incómodos y dolorosos regresen. En consecuencia, te encontrarás evitando a las personas y los lugares que pueden hacerte involucrarte en la introspección.
6. Inmovilización - Esto implica la sensación de que no te estás relacionando de manera efectiva con otras personas. Es más como si simplemente

estuvieras pasando por las etapas de la vida. Ninguno de tus problemas parece estar realmente resuelto y pasarás más tiempo soñando despierto en lugar de buscar soluciones.

7. Irritabilidad - Esto implica reaccionar de manera exagerada a pequeños asuntos y perder rápidamente los estribos. La irritabilidad ocurrirá más si estás decepcionado contigo mismo y te sientes frustrado.

8. Los planes comienzan a fallar - Notarás que la mayoría de tus proyectos no están saliendo adelante, sobre todo porque no les estás haciendo seguimiento. Por ejemplo, si tenías planes de seguir una dieta saludable, encontrarás que estás comiendo mucha comida chatarra. Esto sucede cuando sientes que los planes son demasiado difíciles y cansados.

9. Depresión - Esto se representará por algunos síntomas importantes como la falta de sueño, hábitos de alimentación irregulares, pérdida de interés en cosas que antes te divertían y pérdida de un patrón regular en la vida. También puedes sentir que mantener la ira es la única forma de dejar ir la depresión.

10. Rechazo abierto de ayuda - Otra indicación de recaída es el rechazo de la ayuda. En la mayoría de los casos, las personas a tu alrededor se acercarán y expresarán su preocupación por ti. Sin embargo, la negación te hará rechazar sus expresiones.

11. Incapacidad para controlar tu comportamiento - Esto puede manifestarse en una actitud de "no

me importa." Te encontrarás descuidando asuntos importantes como reuniones.

12.

Mentira consciente - Esto implica ignorar la verdad y, en su lugar, vender mentiras sobre una situación.

13.

Pasar más tiempo con personas autodestructivas y deprimidas - Esto puede ser un indicador o un resultado de una recaída. Inicialmente, tu plan de recuperación implicaba pasar tiempo con personas que manejan su ira de manera saludable. Sin embargo, durante la recaída, sientes la necesidad de pasar más tiempo con personas enojadas y deprimidas.

Capítulo 12: Medicación para la ira y efectos secundarios

La ira es un problema psicológico; por lo tanto, es posible tratar los síntomas con medicamentos. El objetivo de los programas de manejo de la ira es ayudar a la persona a hacerse autosuficiente; y aunque la terapia es la mejor opción, los medicamentos pueden ayudar en la fase de tratamiento.

Medicamentos Comunes

Se sabe que algunos medicamentos previenen explosiones de ira y reducen la agresión. No se dirigen a la ira específica en el cuerpo; más bien, generan un efecto calmante que controla las reacciones. Hay antidepresivos, estabilizadores del estado de ánimo y medicamentos antipsicóticos que ayudan al paciente a lidiar con la ira, pero rara vez la detienen por completo.

Antidepresivos

Estos medicamentos han demostrado tratar la ira resultante de una serie de trastornos mentales, como los trastornos de personalidad y la depresión. Los investigadores encontraron que los antidepresivos hicieron que la ira desapareciera en un 53-71 por ciento en pacientes deprimidos. Los antidepresivos utilizados incluyen imipramina, sertralina y fluoxetina.

Estabilizadores del estado de ánimo

En la mayoría de los casos, se prefieren los antidepresivos al tratar la ira en personas con otras condiciones como la depresión y los trastornos de personalidad porque son efectivos para la mayoría de los pacientes. Sin embargo, hay casos en los que los fármacos antidepresivos fallan; por lo tanto, se recomiendan otros medicamentos como los estabilizadores del ánimo. Algunos medicamentos anticonvulsivos, como la carbamazepina y el divalproex, se utilizan como estabilizadores.

Medicamentos antipsicóticos

Las investigaciones muestran que algunos medicamentos antipsicóticos típicos como la Clozapina pueden usarse para tratar a pacientes esquizofrénicos que tienen comportamiento agresivo y hostil. Los investigadores explican que los medicamentos reducen la ira debido a su capacidad para minimizar la impulsividad. Sin embargo, otros estudios afirman que, aunque los medicamentos antipsicóticos son efectivos para el manejo de la ira, hay muchos efectos secundarios, lo que los hace inviables para un tratamiento a largo plazo.

La seguridad del tratamiento médico

Evidentemente, la medicación a veces es la mejor manera de controlar la ira a corto plazo. Con la ayuda de otras formas de tratamiento, como la terapia, un paciente podría no necesitar medicación por mucho tiempo. Un profesional puede recomendar ciertos medicamentos para uso a largo plazo si tienen pocos o ningún efecto secundario. Por supuesto, toda medicación conlleva un riesgo. Existen posibilidades de adicción u otras adversidades.

Es importante que uno tome toda la medicación según lo prescrito por el médico o profesional. Esté atento a cualquier efecto secundario y comuníquese con su médico/terapeuta. Los médicos pueden realizar chequeos de seguimiento para esa medicación que tiene algunos riesgos. Monitoree de cerca cualquier cambio adverso. También es importante que uno consulte al terapeuta/médico antes de dejar de tomar cualquier medicación para la ira.

Aquellas personas que tienen dudas sobre la medicación pero aún desean sanar sus desafíos de ira pueden buscar ayuda en tratamientos alternativos como aceites esenciales y hierbas junto con terapia. La manzanilla es una de las hierbas utilizadas por las personas para calmar sus nervios. Prácticas como el ejercicio diario, la atención plena y la meditación pueden ayudar a un paciente a encontrar calma y equilibrio. Sin embargo, se necesita paciencia y mucha persistencia para lograrlo.

Capítulo 13: Resumen de Técnicas de Manejo de la Ira

Sentirse enojado

Todos sentimos ira en algún momento. Algunas personas pueden manejar la ira bastante rápido, pero otras tienen más dificultades para controlar la irritabilidad. Miramos los desafíos desde diferentes ángulos y así obtenemos diferentes perspectivas y resultados. La ira puede llevar a grandes complicaciones en nuestras vidas y en las de quienes nos rodean.

La ira normalmente nos informa cuando algo puede estar mal. Por ejemplo, podemos sentirnos perdidos cuando algo no está bajo nuestro control. A veces, la ira nos ayuda a evitar sentimientos reales. Si nos sentimos asustados, la ira nos ayuda a sentirnos lo suficientemente seguros y enérgicos como para luchar. Demasiado estrés también podría llevar a la ira. El estrés nos hace sentir irritables; por lo tanto, una pequeña cosa puede obligarnos a reaccionar de manera muy drástica.

La ira implica una amplia gama de sentimientos. Puede ser un poco molesta debido a un accidente menor, como olvidar recoger leche en la tienda, o una forma de rabia por un problema más serio, como ver a alguien que amas salir lastimado. Todos reaccionamos dependiendo de cómo interpretamos la situación y del estado de ánimo actual. En algunos casos, uno puede sentirse enojado por una razón que no puede identificar.

La ira será más fuerte para ti si:

- Muestra de una manera que es más fuerte de lo que esperabas según la situación;

- Ocurre con tanta frecuencia que ya no disfrutas de la vida;

- Es causado por algo que te sucedió en el pasado y que aún no has resuelto;

- Resulta en actos violentos hacia otra persona, propiedad o hacia uno mismo;

- Está interfiriendo con tu capacidad para trabajar;

- Está dañando tus relaciones o haciendo que las personas se alejen de ti; y

- Está afectando tu salud, física, mental y emocional.

Qué hacer

En algunas situaciones, todos se ven obligados a reaccionar con ira. Esta emoción puede ser útil en ciertos casos. Por ejemplo, como se vio anteriormente, si la ira te hace salir de una relación abusiva, entonces es algo bueno. Es saludable si la ira te motiva a actuar sobre algo o a trabajar hacia tus metas. Sin embargo, si uno está lidiando con la ira de una manera poco saludable, entonces llevará a problemas que pueden afectar muchos sectores de la vida.

Afortunadamente, hay algunas cosas que uno puede hacer para lidiar con la ira.

Estrategias Inmediatas

Las estrategias inmediatas no resolverán el problema, pero ayudan a que una persona recupere el control. Cuando uno tiene el control, está en posición de encontrar formas productivas de afrontar el desafío. Las estrategias inmediatas también ayudarán a uno a mantenerse alejado de acciones y palabras de las que se arrepentirá más tarde.

Primero, aléjate de la situación que te está haciendo enojar si es posible. Apartarte de la situación de enojo puede ayudarte a relajarte y pensar de manera más clara. Recuerda que la reacción del cuerpo cuando estás en un estado de enojo te impide considerar todo. Aléjate.

En segundo lugar, cuenta hasta diez. Esto se aplica más si estás en una situación donde puedes alejarte sin una razón adecuada, por ejemplo, al hablar con un empleador. La mejor opción es contar hasta diez despacio; de esta manera, tendrás tiempo para moderar la ira.

En tercer lugar, repite una frase tranquilizadora de tu elección. Puedes usar palabras que te traigan paz como 'mantén la calma' o paz y amabilidad. También ayudaría si permites que tu mente divague hacia pensamientos como "¿importará en dos meses?"

Cuarto, respira profundamente y relájate. ¿Recuerdas las técnicas de respiración y relajación de las que hablamos antes? Son útiles en momentos de urgencia. Inspira profundamente hacia el abdomen y suelta lentamente; al inhalar, piénsalo como energía positiva. Al exhalar, piénsalo como si estuvieras dejándolo ir de la energía negativa. Las respiraciones profundas te ayudan a calmar tu mente acelerada, bajar la presión arterial e incluso ralentizar el ritmo cardíaco.

En quinto lugar, cambia tu atención. Puede sonar a falta de respeto o arrogancia, pero es mejor que dejar que tu ira se manifieste. Aleja tu enfoque del tema en cuestión y piensa en algo agradable. Identifica algo que esperes con ansias, como un masaje o una rebanada fresca de pastel. Cualquiera que sea lo que te haga feliz, ve por ello.

Estrategias a Corto Plazo

Una vez que las estrategias inmediatas te hayan ayudado a comprender la emoción básica, hay estrategias que puedes usar para analizar la situación. Te ayudan a evaluar las emociones que surgieron en la situación. Estas estrategias no tardan mucho, pero cuando se aplican bien, pueden marcar una gran diferencia.

En primer lugar, reconoce la ira. Si sigues negando la ira, no tendrás la oportunidad de enfrentarte a ella. La ira no desaparecerá solo porque la reprimas. El reconocimiento y la aceptación son los primeros pasos para encontrar ayuda para tu problema.

En segundo lugar, considera si la reacción fue justificada por la situación. La ira es una parte normal, pero se vuelve problemática si la reacción es excesiva para la situación. Piensa en lo que pensarías si vieras a otra persona enojarse por la situación segura en la que te encontrabas. También puedes pedirle a alguien en quien confíes que te ayude a verificar si la ira fue justificada.

En tercer lugar, evalúa tus pensamientos. En su mayoría, la ira es provocada por nuestros pensamientos. La forma en que percibes una circunstancia determina la forma en que reaccionarás ante ella. Por lo tanto, es importante que evalúes los pensamientos/sentimientos que tuviste mientras estabas enojado. ¿Eran verdaderos o falsos?

Cuarto, identifica la fuente de la ira. ¿Son las palabras o acciones de la otra persona las que te hicieron sentir enojado? ¿No hicieron algo que debían? Intenta abordar la fuente de manera productiva y pacífica. Las habilidades asertivas pueden ayudarte a resolver el asunto.

En quinto lugar, busca el humor en la situación. Puede que hayas olvidado cómo hacer humor de un pequeño asunto.

Estrategias a Largo Plazo

Es posible que estés buscando maneras de resolver completamente tu problema de ira. Las estrategias de manejo de la ira a largo plazo requerirán más esfuerzo y tiempo, pero te ayudarán a lidiar con tu ira en diferentes situaciones. El objetivo es cambiar las formas en que manejas la ira para que no cause problemas.

Primero, aprende las cosas que desencadenan tu ira. Mientras que algunas personas se enojan debido a otras personas como sus jefes, cónyuges o amigos, otras se enojan por situaciones que no pueden cambiar, como el tráfico y los aviones perdidos. También hay personas que pierden la paciencia cuando se sienten emocionales, por ejemplo, cuando se sienten avergonzadas, enojadas o culpables.

En segundo lugar, identifica tus señales de advertencia. Conocer las señales de advertencia de tu ira te ayudará a tomar medidas antes de perder completamente los estribos. Necesitas evitar una ira desbordada; por lo tanto, captúrala lo antes posible. Algunas de las señales tempranas de ira incluyen la tensión en el pecho, la irritabilidad, el resentimiento, la palpitación y la sensación de querer desquitarte.

En tercer lugar, habla con una persona en la que confíes. Intenta obtener una segunda opinión de alguien que sepas que no se dejará llevar por prejuicios. Ten en cuenta que la ira, de hecho, te informa sobre cosas que necesitan cambiar. Otra persona puede ayudarte a identificar el verdadero problema, identificar soluciones e incluso ponerlas a prueba.

Cuarto, aprende de otras personas. Si tu ira proviene de una situación que no puedes controlar, como un trabajo, pregunta a otras personas cómo lo manejaron. ¿Cómo pudo tu compañero de trabajo lidiar con una situación similar?

En quinto lugar, practica un pensamiento saludable. Recuerda que la ira es mayormente provocada por nuestros pensamientos. Aprende a resolver problemas, a pensar positivamente y a manejar el estrés. No asumas que cada persona está en tu contra para hacerte la vida difícil. Piensa de manera crítica y busca consejo.

En sexto lugar, se ha identificado que las actividades físicas son algunas de las estrategias de manejo útiles para muchos trastornos. Probablemente podrías salir a caminar, limpiar la casa o practicar tu deporte favorito. Esto te ayudará a sentirte menos tenso y a olvidar.

Séptimo, practica la atención plena. Esto implica prácticas como la meditación, que te ayudan a observar tus pensamientos sin juicio. Esta práctica te ayudará a mirar tu ira y también a acomodarla sin rechazarla.

Octavo, aprende a ser asertivo. La asertividad es una técnica que ayuda a manejar la ira. Aprende a comunicarte y actuar de manera asertiva. Recuerda que la asertividad no equivale a la agresividad. La asertividad no es ser insistente y exigente. En cambio, implica comunicar tus pensamientos sin despreciar o menospreciar a otras personas. Asegúrate de que tu mensaje sea claro.

Noveno, deja que otras personas sean. Si tu ira se eleva por culpa de otras personas, por ejemplo, tu cónyuge o tu jefe, recuerda que no puedes controlarlos y que no siempre tienen que actuar como tú quieres. Su comportamiento no es tu responsabilidad en gran medida.

Décimo, elige un programa de tratamiento. Hay muchos programas disponibles para usar ya sea de manera individual o en grupo. Elige uno que se ajuste a tu tiempo y objetivos. Recuerda que, aunque los programas diseñados para un individuo son buenos, es mejor si usas la terapia de grupo. Te ofrecerá un mejor sistema de apoyo.

Recuerda que la ira podría significar otro problema, como ansiedad o depresión. Habla con un profesional.

Conclusión

¡Gracias por llegar al final del libro! Esperamos que lo hayas encontrado útil e informativo. Se hizo todo lo posible para asegurar que todos los capítulos pudieran brindarte información valiosa. Utilizamos intencionalmente un lenguaje simple para asegurarnos de que cada persona que lo lea se sienta empoderada. El libro ha evitado deliberadamente teorías complicadas y se ha centrado en prácticas simples que se pueden usar a conveniencia.

El momento en que entiendes la ira es el momento en que se vuelve más fácil de manejar. El control de la ira es esencial en la vida cotidiana. Este libro te ha llevado a través del tema del control de la ira. No hay una cosa específica que una persona pueda hacer para manejar la ira de la noche a la mañana. Sin embargo, si sigues los pasos correctos, con dedicación y compromiso, obtendrás los resultados que buscas. Combina una serie de opciones de tratamiento si es necesario. Si estás trabajando con un terapeuta, sigue todas las instrucciones que te dé y mantén un canal de comunicación abierto.

El siguiente paso es dejar de leer y comenzar a aplicar las lecciones en la vida real. Haz lo que hayas identificado como necesario para frenar la ira y garantizar la salud y el bienestar de ti mismo y de las personas a tu alrededor. Descubrirás que muchas personas todavía son ignorantes sobre las formas adecuadas de manejar la ira. Te darás cuenta de que la mayoría de aquellos que parecen tenerlo todo bajo control simplemente están reprimiendo la ira, y eso les perjudicará al final. Para ello, intenta involucrarlos y enseñarles un par de cosas que has aprendido aquí. Incluso puedes recomendar o regalarles este libro.

También puede que necesites consultar este libro en una fecha posterior. Guárdalo y revísalo tan a menudo como desees. Solo porque hayas llegado al final del libro no significa que no haya nada más que aprender sobre la ira y su gestión. Lee más y amplía tus horizontes. Es la única manera de lograr la maestría que buscas. Presta atención a los cambios que rodearán tu vida tan pronto como comiences a gestionar nuestra ira, aún más de manera asertiva. Utiliza algunos de los consejos aquí para hacer del mundo un lugar mejor.